国家出版基金项目
NATIONAL PUBLICATION FOUNDATION

南北朝經濟史

陶希聖　武仙卿◎著

山西出版傳媒集團
山西人民出版社

圖書在版編目(CIP)數據

南北朝經濟史 / 陶希聖，武仙卿著. —太原： 山西人民出版社，2014.12
（近代名家散佚學術著作叢刊 / 許嘉璐主編）
ISBN 978-7-203-08797-7

Ⅰ. ①南… Ⅱ. ①陶… ②武… Ⅲ. ①經濟史—中國—南北朝時代 Ⅳ. ①F129.39

中國版本圖書館 CIP 數據核字(2014)第 234709 號

南北朝經濟史

主　　編　許嘉璐
著　　者　陶希聖　武仙卿
責任編輯　馮靈芝

出 版 者　山西出版傳媒集團·山西人民出版社
地　　址　太原市建設南路 21 號
郵　　編　030012
發行營銷　0351-4922220　4955996　4956039
　　　　　0351-4922127(傳真)　4956038(郵購)
E-mail　sxskcb@163.com　發行部
　　　　　sxskcb@126.com　總編室
網　　址　www.sxskcb.com

經 銷 者　山西出版傳媒集團·山西人民出版社
承 印 廠　山西出版傳媒集團·山西人民印刷有限責任公司

開　　本　700mm×970mm　1/16
印　　張　12
字　　數　91 千字
印　　數　1—3000 冊
版　　次　2014 年 12 月　第 1 版
印　　次　2014 年 12 月　第 1 次印刷
書　　號　ISBN 978-7-203-08797-7
定　　價　26.00 圓

《近代名家散佚學術著作叢刊》編委會

出版説明/

近代名家散佚學術著作叢刊選取一九四九年以後未再刊行之近代名家學術著作共一百二十册，編例如次：

一、本叢書遴選之著作在相關學術領域具有一定的代表性，在學術研究方向、方法上獨具特色。

二、爲避免重新排印時出錯，本叢書原本原貌影印出版。影印之底本皆經專家組審定，原書字體大小，排版格式均未做大的改變，原書之序言、附注皆予保留。

三、本叢書分爲八大類，以作者生卒年編次。

四、爲使叢書體例一致，本叢書前言後記均采用繁體字排版。

五、個別頁碼較少的版本，爲方便裝幀和閱讀，進行了合訂。

六、少數學術著作原書内容有個別破損之處，編者以不改變版本内容爲前提，部分進行修補，難以修復之處保留缺損原狀。

七、原版書中個别錯訛之處，皆照原樣影印，未做修改。

八、所選版本之抽印本頁碼標注，起始至所終頁碼均照原樣影印，未重新編排標注新頁碼。

由於叢書規模較大，不足之處，殷切期待方家指正。

總序／

披沙瀝金，以爲鏡鑒

◇ 許嘉璐

多年來有一個問題始終在我腦中盤桓：爲什麽在十九世紀末到二十世紀初，在短短的幾十年裏，中國的各個學術領域竟涌現了那麽多大師級的人物？這是中國近代史上一個極爲重要的現象，我認爲，如果不能給出令人滿意的答案，我們撰寫的近代學術史將是不完整的，甚至是缺乏靈魂的。後來我知道，著名人類學家克羅伯曾提出過一個問題：爲什麽天才成群地來？看來這種現象的出現並非中國所獨有，思考其所以然的也大有人在。而在那一次世紀之交中國的情况，似乎應驗了「天才成群地來」這個令克氏久久不解的疑問。錢學森先生曾從相反的方向提出了相同的疑問：爲什麽我們這個時代出現不了杰出人才？後來人們稱這個問題爲「錢學森之謎」。

要回答這些疑問不是件容易的事。與其迅速地囫圇地探尋，不如先多了解那些讓中國近代學術（應該包括人文科學和自然科學）史上閃耀着光輝的大師們的作品和自述，從而在腦海里盡量「復原」他們所處的環境和在那種環境下的心理路徑，從中或許可以得到一些啓示。

有一點是顯然的，這就是他們雖然都已遠離塵世而去，但是他們獨立思考的品性、求知治學的真誠、困厄窮愁中對節操的堅守，恐怕是他們共同的主觀因素，一直影響到現在，而且將會永遠留存下去。

就思想界、學術界而言，二十世紀上半葉是一個新説和舊説碰撞，中學和西學融匯的大時代。那時的學人極爲重視言行操守，同時具備現代知識分子的理想信念；他們的學術研究十分純凈，絶少功利因素；他們的視界開闊，以包容的心態和嚴謹的風格造就了成果的大氣與厚重。至於在客觀因素一面，他們實際是在用工業化時代的事實解説着太史公所説的名山之作「大抵聖賢發憤之所爲作」，困厄苦難使得他們「皆意有所鬱結」。這種鬱結，幾乎和個人的名利毫無牽涉，他們永遠不能釋懷的，是民族的存亡、國運的興衰、民衆的福禍和文脈的續斷。

那個時代也是近代歷史上最大規模的中西古今學術調適、創新的時期，學術方法上的交互滲透和融合、創新亦可謂「於斯爲盛」。斯時之學人是要在封閉的屋墻上鑿出窗子的勇士，是使人能够看看外部世界的第一批導夫先路者；或者可以説，他們是在「意有所鬱結」時「彷徨」和「吶喊」的「狂人」。

相對於那時的哲人們，後來者是幸運兒。現在的形勢是，近三十年來學界空前繁榮，衆多學科有了長足之進，其中很重要的一點是學界有了更新穎、更廣闊的國際視野，似乎接續上了百年前的學壇盛事。但細想想，「古」與「今」還是有差別的。其异，主要不在於世界情勢、學術進展、工具改善這些客觀存在，而在於在廣泛吸收各國優長的同時，自身文化的主體性越來越受到重視，换言之，「拿來主義」已經延長了「拿來」的程序，加上了試用、甄別、篩選、吸收、融合、成長。就我孤陋所見，在當今地球上，面向所有異質文明，努力汲取我之所缺，其範圍之大和心態之切，似乎無出中國之右者。從這個角度説，我們已經超越了前輩。但是事情還有另外一面，學術，特別是人文學科，其職業化、「沙龍化」和功利性，以及隨之而來的浮躁病却嚴重了。從這個角度説，是不是我們已經後退得够可以的了？而這是不是我們這個時代出不了大師的原因之一呢？

民國學術界的特點之一是極爲注重對傳統的反省、批判與繼承。他們對傳統文化盡最大的努力進行整理和研究。一方面，由於戰亂頻仍，民不聊生，學者們擔起了讓中華文化薪火相傳的歷史責任；另一方面，他們要通過對中國傳統文化的整理、挖掘來重振民族自信心。這一時期對傳統文化進行整理的全面而深入是前所未有的，舉凡文字學、語言學、經濟學、法學、哲學、政治制度、書法繪畫、金石學……規模之宏大，研究之精微，令人嘆爲觀止。

民國學術推動了現代學科體系的建立。在對傳統文化整理和研究的基礎上，吸收西方的文化思想和理念，推動和建立了中國現代學科體系。例如，在對語言文字和音韻學成果進行整理、研究的基礎上開始着手規範之，建立了國語學；深入研究書法、國畫，將其融入了現代美術學科；在廢除舊有學制後逐步建立起小、中、大學較完整的科目和學科體系。

民國學術也改變了傳統學術方式，建立了新的研究範式。以現代科學考古爲發端，科研的實踐和成果使中國知識界真正認識到在實驗、比較基礎上的邏輯分析對學術研究的重要，推進了中國學術的一大演變。至於我們常説的打破士大夫傳統、走出書齋到田野鄉村和市民中進行調查研究、結束了經學時代、以歷史眼光檢視儒學和諸子等等，都是確立新學術範式的努力。這一轉變，也標誌着中國學術界脱胎换骨，全面進入了現代，爲此後的學術發展奠定了堅實的基礎。當然，西方啓蒙運動以來，在「現代性」和「現代化」裏潛伏着的缺陷和謬誤也傳到了中國，這些不能不在前哲的著作裏留下痕迹。這並不奇怪。類似的情況，古往今來孰能免之？猶如今天的我們，誰敢自稱我之所見就是永恒的真理？在這個問題上兩個時代所異者，或許就在昔時大家創立新説或譯註西學著作，往往是懷着對學術和前哲的敬畏而爲之，故而常常誤不在我；當今則往往出於對學問和他人的輕蔑，或以所研究的對象爲謀己的工具，因而難辭主觀之咎吧。翻閲他們的心血之作，這些復雜的狀况可以顯見，可以視之爲我們的一面鏡子。

滄海桑田，世事變幻，歷史的動盪和時代的遮蔽，使當年許多大師的一些極有價值的學術著作被棄於故紙堆中，不能不令人有遺珠之憾。爲此，山西人民出版社不惜以數年之艱辛，披沙瀝金，編輯出版這套近代名家散佚學術著作叢刊，凡一百二十册，計文學、史學、政治與法律、美學與文藝理論、民族風俗、宗教與哲學、經濟、語言文獻共八大類别。所選皆爲作者之純學術著作，無論是其見解、精神，抑或是其時代烙印，都是後輩學人可資借鑒的寶貴財富。他們出版這套叢書，意在讓世人不忘來程，知篳路藍縷之不易，爲民族文化的傳承再增薪木。

出版社的初衷，與我近年來所思所慮近似，故願略述淺見於書端，以與策劃者、編輯者和讀者共勉。

二〇一四年七月六日

改定於自安東回京途中

前言／精神、历史与事实

◇樊綱

中國古代不乏有趣和重要的經濟思想，但是就形成知識體係的理論或「學説」而言，中國現代經濟學的發展是從嚴復一九〇一年引進翻譯出版英國人亞當·斯密的國富論（一七七六）（當時譯爲原富）開始的。就是説，是從學習西方開始的。也屬於一個落後國家學習與追趕發達國家過程的一個組成部分。

從原富出版（以至更早時期天演論的翻譯和出版），到辛亥革命前後至五四運動時期，中國應該説是發生了第一次思想解放的進程，也就是中國的啓蒙運動，學習研究西方發達國家的科學技術、政治社會理論和人文思想，進入了一個新的時期。在大約半個世紀的時間裏，「大師」成批地出現，進入了一個學術研究的繁榮時期。除了大量翻譯西方的著作，中國人自己的經濟學研究力量也逐步形成，並逐步運用現代的理論和方法，來研究中國的社會、中國的經濟，用現代方法進行的實地調查研究，也多有發生。雖然有連續不斷的内戰和抗日戰爭，學術研究却仍在繼續，陸續出版了許多專著和論文。我們這些在「文化大革命」後才進入學術領域的後人經常會好奇：那麽一個戰亂的時代，那些前輩怎麽還在做研究？怎麽還能做研究？每當看到一本那個時代出版的泛黄的「故紙」，一定是仰慕之情油然而生。

也許正是因爲戰亂，因爲當時的落後與貧窮，許多著作出版了，又散落了。有的没有得到應有的傳播，有的研究被打斷，無法産生大的影響。現在山西人民出版社將一些不大爲人所知和没有再印的散佚經濟學著作收集出版，既是拯救，也是發揚。用現在的眼光看，有的著作也許「淺顯」，但這些著作的價值和從中我們可以學到的，其實首先在於以下的一些東西：第一是精神，那種不求世俗功利，出自好奇心在亂世中探索真理的風骨；第二是歷史，我們中國人的思想史，我們現在學的這些東西是如何從外面舶來而在中國的土壤上生根和發展的；第三是事實，是那一輩學者在艱苦的環境下記録下來的當時和以往的事件與史料，這些已經不可復得，但却是我們在研究近現代中國經濟發展的整個進程時不可或缺的。

一代人有一代人的使命，也有一代人的局限。翻閲古籍，令我們思考我們能爲這個國家、這個民族、這個世界留下哪些遺産，我們的後輩將如何評價我們？

二〇一四年八月二十一日 寫於深圳

作者簡介

陶希聖（一八九九年—一九八八年），名匯曾，字希聖，筆名方峻峰，湖北黄岡人。一九二四年爲上海商務印書館編輯，同時在上海大學、上海法政大學、東吴大學等校講授法學和政治學。一九二九年後，在上海復旦大學、勞動大學、暨南大學、中國公學、上海法學院、立達學園及中央大學任教。

武仙卿，經濟史學家，山東人。北京大學畢業後，師從陶希聖。曾任國立師範學校校長，著有南北朝經濟史、唐代土地問題概論等。

序

在四年以前，一般研究中國經濟社會史的人們，總把秦漢至滿淸劃成一個段落。當時，我也是這樣的一人。四年以來，我對秦漢以後次第的加以研讀，漸漸看出東漢以後，中唐以前，無論在經濟、社會、政治、思想上都自成一個段落，與以前的秦漢及以後的宋明，各有不同之點。最重要的特徵，是大族與教會的經濟特權及政治特權。秦漢不是沒有大族，但政治上受政府的抑制。宋明不是沒有教會，但法律上沒有特權。如再進一步，看取大族與寺院的下面的社會的經濟的組織，更可見與前代後代不同的特質。在大族及僧侶之下，庇護着多數的自由人，領有着多數的部曲僮客，持有着多數的奴隸。反之，在秦漢，我們看見最引人注意的是家內奴隸；在宋明，我們看見的是自由勞動的發達，庇護特權的淪沒。所以，魏晉至隋唐，社會上嚴於士庶之分辨，政治上顯有大族的操持，思想上富於佛教的影響。彼此因應，斷非偶然。

四年以來，我在北平的兩三大學講到這點，常再三叫起同學的注意。武仙卿先生首先在食貨半月刊第一卷各期裏，詳細指出魏晉時代社會的變遷。楊聯陞先生近來在清華學報（十一卷四期）詳細說明東漢時代大族的發育。這個有力的論斷，在社會史學界已有不少的影響。

一九三六年暑期，武仙卿先生乘北京大學法學院中國經濟史研究室休假之暇，把兩三年來所搜中古時期的經濟社會史料，寫成南北朝經濟史的初稿。寫時，我們討論的次數很多。初稿成後，由我重加斟酌，除修改幾處文字之外，更有改動見解的二三處所。其中工業部分，又由研究室同人著有唐宋官私工業（上海新生命書局出版）的鞠清遠先生補寫。綜計這本小書，前後經三年的準備，前後經三人的協力，而武仙卿先生獨爲主幹。我們不得不抱歉的，是成績並不能自誇。我們也要請學界原諒的，是中國經濟史本是未開的生地。「斬之蓬藿荊棘」，是件最苦最難收效的事情。我們請讀者看一看五年前出版的拙著西漢經濟史，再看看上年出版的鞠先生的唐代經濟史，就知道近兩三年，這個生地已經有了一星星的生機了。我們願受學界的督責，願受讀者的斥罵。我們願與此學同志再進一步。

陶希聖　二十五，十二，六，北平。

目錄

南北朝經濟史

第一章　緒論

漢族發源於黃河流域，以這個區域做根據，漫漫向四方發展。在古代，緊鄰着這個區域的四境，都是些野蠻的部族，漢族叫他們是「東夷」「西戎」「北狄」「南蠻」。漢族的支配者，如欲向外開展，一定要和這些部族衝突，古書上說是什麼「外攘夷狄」「征北狄而南蠻怨」都是歌頌這些軍事領袖的功德。

漢族勢力很早就開化了「東夷」「西戎，」排擊了「北狄」的侵略。但是對「南蠻」的開拓，卻比較在後。春秋時的吳楚，不過把長江流域的一部份加以開化。南粵王趙佗，也僅僅開化珠江流域的一角。南方的普遍開發，和漢族文化的沾染，那是從東漢時才開始的。吳蜀在南方建國，使漢族文化更積極的推廣。諸葛亮爲了增加蜀漢的財力，恩威並用的平定了蠻洞。諸葛恪大舉討伐山越。鄰近吳蜀的蠻族始歸於漢族統治之下。迨至東晉以降，宋齊梁陳對荒蕪的南方更力予墾闢。

南方的墾闢，吸引北方人口南移。這一點，可以作爲中古初期民族遷徙的一個理由。廣闊的肥沃的耕地的引誘，使北方人口自由的或不自由的慢慢南移。中原人口的南移，又好讓西北邊地人口內徙。邊地人口的日漸減少，致使邊地趨於荒涼，邊地的荒涼使邊疆官吏爲自身的生活打算，又強迫人民內徙：這樣的事實，還有一些遺留在史籍之上。（註一）有這兩種相爲因果的事實，遂使南方的人口增多，中原的人口減少，西北邊地的人口稀薄。西北邊地人口的稀薄，遂引起蠻族的移住。這是從東漢就開演的事實。

西北兩方的異族，遭遇漢武帝嚴重的打擊，勢力大見衰微。呼韓邪單于款塞求和，成爲蠻族移住的濫觴。東漢初年，農民戰爭的酷烈，使關中的繁榮爲之一蹶不振。關中的荒涼，致使異族移住的區域擴大。加以東漢末年，農民暴動再起，關中中原同遭擾亂，人口的凋零，土地的荒蕪，再給異族移住的區域以擴大的良好機會。於是在西晉初期，所謂「五胡」的蠻族已佈滿了關中，晉陽，上黨諸地，（註二）漢蠻兩族交錯雜居，使北方的社會關係，於社會階級的矛盾之外，又披上了種族鬬爭的外衣。這種社會矛盾一經爆發，就是階級鬬爭伴隨着種族鬬爭。

西晉開國，是單純的篡位陰謀。如說到社會的意義，我們可以說這次王位的變更，是曹魏君主集權向於貴族政治的最後的讓步。晉武帝時，中央政治及地方政治的腐敗與戰爭服役的頻仍，已令人民困苦不堪，於是民衆暴動到處蜂起。這次民衆暴動，與異族暴動互相錯綜，推翻了西晉的政府。因爲內地異族的暴動，又引起邊疆異族的侵入，又使中原建立異族的政權。

我們記住中原的擾攘，再回頭看南方的開發。這兩種動力的激盪，遂使這時的人口像洪水般的橫流。在這橫流中可以顯然看出有兩股水勢。一股是中原漢族流徙江南，有的到淮泗流域暫時停下，有的沿漢水而至荆梁。一股是旁地蠻族的積極侵入，使中原的蠻族人口大量增加。凡是流民徙至一處，又迫使土著人口的移動。人口到處背井離鄉，演成了中古時期民族的大流徙。民族大流徙，是中國中古史上最重要的因子之一。

民族流徙，在北方所生的影響是土著人民的逃亡，使過去開墾的土地，流爲荒蕪，流亡人口的土地所有權，或喪失或混淆，最後歸於政府領有。這種歸於官有的無主土地，想不在少數，如曹魏文帝時禁地之廣輪千里；北魏初期中原牧場之廣大皆可作國有土地廣闊的證明。（註三）國有土地的廣闊成爲北方政府施行屯田、占田、均田制度的基礎。土著人民的流徙，又使政府的稅戶減少，於是又引起政府掠奪人民的舉動。如北朝掠奪江淮青齊一帶的人口，本是很顯明的史實。

民族流徙，在南方所生的影響：是北方大族的南遷僑姓大族的勢力壓倒吳中大姓，而成立僑姓大族的政權。遷移的大族既率領了大批流民，建立政權以後，又僑立州郡以招徠北方人口。因爲北方人口多集中於揚州、荊州及南徐州，遂形成南徐荊揚三州在南朝的重要的地位。（註四）沈約總論荊揚二州，曾說：「江左以來，樹根本於揚越，任推轂於荊楚。揚土自廬蠡以北，臨海而極大江；荊部則包括湘沅，跨巫山而掩鄧塞；民戶境域，過半於天下。晉世幼主在位，政歸輔臣，荊揚司牧，事同二陝。宋至受命，權不能移，二州之重，咸歸密戚。」（註五）於此可見這二州對南方政府的影響之大了。

南朝因遷徙人口集中於荊州揚州南徐州，而使政局牽於三州。反之，北朝則因君主多集中所掠奪的人口於首都，（註六）遂使首都躋於特殊地位。水利設施既偏重首都附近，通貨使用亦劃首都爲一區域。至於受田納稅京畿之內也似乎與州郡地方有些不同。由中央政府之重視首都，推而至於地方政府之重視地方都市及寺院大族之重視其莊園附近，遂使當時南北的政治經濟情形，表現濃厚的地域性與割據性。

地域與割據的色彩，充滿在各種制度上。各地方有不少地方性的雜稅，使土地與租稅制度上，表演着地方分割的姿勢。貨幣使用上，也表演着「利於京邑之肆而不入荊揚之市，」「便於荊郢之邦，則礙於兗豫之域」的割據。在商業交通上，表現爲都市的孤立，各都市間僅僅維持微弱的不安全的交通。

都市的孤立，可以推想僅是都市城廂的繁榮；都市間的交通線的維持，也可以想到都市區域以外的荒涼。金陵、京口、洛陽、鄴等都市的繁榮可以作爲前者的註腳。南北兩朝邊區的荒涼，可以作爲後者的證明。邊區的荒涼最顯著的是江淮一帶。南齊書州郡志描寫淮南一帶的情況，說是「十家五落，各自星處，一縣之民，散在州境。」（註七）其次是豫州一帶，宋書也曾描寫爲「民荒境曠。」（註八）北朝關中的荒涼，華州已爲羌漢的交界。南朝雍梁的荒涼，漢中及淮水上流成爲蠻夷的所

居。（註九）

邊區荒涼，是都市孤立與政治經濟割據的反映。從這種割據與孤立的情形中，使我們了解了南北朝時期政府的封建性，及寺院大族之具有封建領主的資格的理由。寺院大族之有社會的政治的與經濟的基礎，才有與政府爭鬭的實力。三者之間，最明顯的爭鬭，在這時候是土地與人民的爭奪。

（註一）潛夫論卷五實邊第二十四敍述當時邊疆官吏逼民內徙的情況說：「太守令長，畏惡軍事，皆以素非此土之人，痛不著身，禍不及我家，故爭郡縣以內遷。至遣吏兵，發民禾稼，發徹屋室，夷其營壁，破其生業，彊劫驅掠，與其內入，捐棄羸弱，使死其處」。該書卷五救邊第二十二，邊議第二十三，實邊第二十四，三篇敍述當時邊疆情況頗詳，請參考，不備錄。再請參看後漢書龐參傳。

（注二）晉書九七，四夷傳，晉武帝時，郭欽上疏曰：「戎狄彊獷，歷古為患，魏初人寡，西北諸部皆為戎居。今雖服從，若百年之後，有風塵之警，胡騎自平陽上黨不三日而至孟津，北地西河太原馮翊安定上郡，盡為狄庭矣。宜及平吳之威，謀臣猛將之略，出北地西河安定，復上郡，實馮翊，於平陽以北諸縣募取死罪，徙三河三魏見士四萬家以充之，裔不亂華，漸徙平陽弘農魏郡京兆上黨雜胡，峻四夷出入之防，明先王荒服之制，萬世之長策也。」可知自東漢以來，蠻族入居內地之普徧。

（註三）魏書四四宇文福傳：孝文帝太和十七年「勅福檢行牧馬之所。福規石濟以西，河內以東，拒黃河南北千里為牧地。事尋施行，今之馬場是也。」食貨志作「以河陽為牧場，恆置戎馬十萬匹，以擬京師軍警之備。」

（註四）宋書州郡志載，人口最多之州為揚州南徐州荆州三州。揚州有一百四十五萬口，幾佔全數三分之一，南徐州四十二萬口，荆州約有三十餘萬口。故南朝君主能以揚南徐二州作根據，維持建業的政府。荊州亦成為南朝歷來反抗政府或篡奪君位的根據地。

（註五）宋書卷六六「史臣曰」。

（註六）蠻族政府之掠奪人口，在本書第六章中述之。第六章略引安住被掠人口於首都之事例，彼不及者，先述於此。北魏天興元年正月徙山東六州民吏及徙河高麗雜夷三十六萬，百工伎巧十餘萬口以充京師。十二月徙六州二十二郡守宰豪傑吏民二千家於代都。（見魏書二太祖紀，）太延五年十月徙涼州民三萬家於京師。正平元年三月以降民五萬餘家分置近畿。（見魏書四世祖紀）獻文皇興三年徙青州齊民於京師。（見册府元龜四八六遷徙）

（註七）宋書三五州郡志：「三國時，江淮為戰爭之地，其間不居者各數百里，此諸縣並在江北淮南，虛其地無復民戶。吳平，民各還本，故復立焉。其後中原亂，胡寇屢南侵，淮南民多南渡。成帝初蘇峻祖約為亂於江淮，胡寇又大至，民南渡江者轉多，乃於江南僑立淮南郡及諸縣。」南齊書一二州郡志南兗州：「永明元年刺史柳世隆奏尚書符下土斷條格，并省僑郡縣。凡諸流寓，本無定憩，十家五落，各自星處，一縣之民，散在州境，西至淮畔，東届海隅。今專罷僑邦，不省荒邑，雜居舛止，與昔不異，離為區斷，無革游濫，謂應同省，隨界并帖，若鄉屯里聚二三百家，井甸不修，區域易分者，別詳立。於是濟陰郡六縣，下邳郡四縣，淮陽郡三縣，東莞郡四縣，以散居無實土，官長無廨舍，寄止民村，及州治立見省，民戶帖屬。」

（註八）宋書三武帝紀永初三年二月詔

（註九）魏書一九安定王休次子燮傳世宗初，除華州刺史，上表言：「謹惟州治李潤堡，雖是少梁舊地，晉芮錫壤，然胡夷內附，遂爲戎落，城非舊邑，先代之名。爰自國初，護羌小戍，及改鎭立郡，依岳立州，因籍倉府，未刊名實。竊見馮翊古城，羌魏兩民之交，許洛水陸之際，先漢之左輔，皇魏之右翼，形勢名都，實惟西蕃奧府。今州之所在，豈惟非舊，至乃居岡飲潤，井谷穢雜，升降劬勞，往還數里，譴諸明昏，有虧禮敎。」一〇六地形志序也說：「孝昌之際，亂離猶甚，恆代而北，盡爲丘墟，崤潼已西，煙火斷絕，齊方全趙，死於亂麻，於是生民耗減，且將大半。」這兩條可以表明關中的荒涼。再者，隋書地理志「梁州」記漢中有獠戶。宋書卷九七有五水蠻，所據地帶「北接淮汝，南極江漢，地方數千里」。有荊雍州蠻，宋文帝雖予以征伐，但仍盤踞故地。魏書四五韋珍傳：「高祖初，蠻首桓誕歸款，朝廷思安邊之略，以誕爲東荊州刺史，令珍爲使，與誕招慰蠻左。珍自懸瓠西入三百餘里至桐柏山，窮淮源，揚恩澤，莫不降伏。」傳載凡所招降七萬餘戶。這個區域，至唐代尙爲山棚所居，開化之晚可知。

第二章　農業與土地制度

一　耕作技術的發展

從春秋以後，耕田使用耕犂以來，到南北朝一千年間歷經改良。在戰國的末期，我們知道已經用牛拖犂，從此脫離了人力的推挽，而進到畜力的發動。那時的耕犂，還是原始的形式，管子所說的「男子二犂，童子五尺一犂」，及趙過的三牛共一犂，都不過是初期的耬犂，耜刃狹小，不能深耕。這種耬犂，通行於西漢。在這期間只是用犂區域的推廣，對犂的構造並沒有什麽改良。齊民要術的著者關於遼東「轅犂」齊人「蔚犂」的記述，使我們發現南北朝時耕犂的形式，較以往已大見進步。轅犂蔚犂都脫離了耬犂的形式，而與現在的耕犂有些相似。齊民要術說：

今遼東耕犂，轅長四尺，迴轉相妨，既用兩牛，兩人牽之，一人將耕，一人下種，二人挽耬，凡用兩牛六人，一日才種二十五畝，其懸絕如此。（按三犂共一牛，若今三角耬矣。未知耕法如何。今自濟州迤西猶用長轅犂兩腳耬，長轅耕平地尚可，於山澗之間則不任用且迴轉至難費力，未若齊人蔚犂之柔便也。兩腳耬種壠穊，亦不如一腳耬之得中也。）（註一）用兩牛的遼東耕犂，已與趙過的耬犂不同。趙過的耬犂想與現在北方所使用的耬相似，前有兩轅，下有三耜。遼東犂轅長四尺的轅，也與耬犂的兩轅不是一種東西，耬犂的轅，和車轅一樣，是直的；遼東耕犂的轅，則是唐陸龜蒙耒耜經所述的犂轅，是屈的。耒耜經言犂前的屈木叫做轅，可以規定耕地的深淺，和現在犂前面的灣屈的東西是一樣的，不過現在的犂轅是鐵的，那時是木的吧了！（註二）從犂的形式的改變，我們知道南北朝時主要的農具——犂，已有大的進步。（註三）隨着生產工具的進步，耕作方法也是進步。在這時耕作方法的顯著的進步，約有兩端，一是深耕的通行，一是施肥的普徧。

秦漢時代，我們看見犂的使用，但是耕種的方法，還是粗放的。狹小的耬犂耜刃，使犂地的程度不能深入，一犂一日種一頃的匆促，亦能證明深耕的不存在。西晉傅玄敍述當時田兵的種田，亦不能使用深耕。不過曹操的屯田頗務深耕，所謂「魏初課田，不務多其頃畝，但務修其功力，」上引齊民要術說是遼東耕犂兩牛六人一日才耕廿五畝，著者並驚異其與趙過耬犂效力的懸殊，殊不知遼東耕犂的施於深耕，遠較趙過的粗放經營為進步。南北朝時深耕的施行，恐已普偏，前引齊民要術中不少提及深耕的語句。如：

諺曰頃不如畝善，謂多惡不如少善也。

凡人家營田，須量己力寧可少好，不可多惡。

又言耕地：「務遣深細，不得趁多。」又言：「犂欲廉，勞欲再。」顯明的，過去秦漢的粗放經營，到這時已進為深耕，這是耕作方法進步之一。

古代的施肥，恐怕不外火田一法，所謂「火耕水耨」是也。火田之法，在中國歷史上遺留甚久，到唐朝，我們還看到不少的燒田的史料，不過這種火田多半是限於新開闢的山地，在熟田上，恐怕已不由火燒了！南北朝時期，我們仍見到火田的事實，這種火田在當時仍不失為施肥的一法。庾子山詩中有「燒棘起山田」的語句，徐陵的詩上也有「燒田雲色暗」「野燎村田黑」的語句，這是火田的事實，不過火田施肥已經失掉其主要的地位。南北朝時已有兩種進步的施肥法根據齊民要術的紀載，我們看到掩秧與施糞兩種施肥法。

凡美田之法，綠豆爲上，小豆胡麻次之，悉皆五六月中穊（漫種也）種，七月八月犂稀殺之，爲春穀田，則畝收十斛，其美與蠶矢糞同。（註四）

凡田地中有良有薄者，卽須加糞糞之，其踏糞法，凡人家秋後，治糧場上，所有穰穀穢等並須收貯一處，每日布牛腳下三寸厚，每平旦收聚堆積之，還依前布之，經宿卽堆聚，計經冬，一具牛踏成三十車糞，至十二月正月之間，卽載糞糞地，計小畝畝別用五車，計糞得六畝。（註五）

這兩種施肥法以前是看不到的。

（註一）齊民要術，一，耕田。

（註二）耒耜經言：「前如桯而樛者曰轅。」可知這時犂轅是屈的。又朝野僉載言：「（貞觀中）持斧繞舍求犂轅，見桑曲枝臨井上，遂斫下。」可作犂轅是屈的之一證。

（註三）這時除去用犂以外，還有用鍤的遺留，鮑氏集有「負插下農」「抱插隴上，飡結茅野中宿」等語。來的使用，這時想已絕迹了。

（註四）齊民要術一耕田

（註五）齊民要術雜說

二　北魏的勸農課耕

魏晉以降，中原經受黃巾五胡兩次大亂，擾攘的期間總有二百多年。這二百多年中的社會狀況，顯著的是人口的凋敝與土地的荒蕪，所謂「自永嘉喪亂，百姓流亡，中原蕭條，千里無煙。」正可說明這時人口零落的情形。人口凋敝加強土地荒蕪，土地荒蕪增加人口的凋敝，兩者相因，遂造成社會荒涼的現象。這種現象直到北魏中期（孝文帝時）仍然存在。北魏中期以降，社會比較安靜，使人口慢慢的增加起來，正光為人口鼎盛之期，戶至五百萬。但隨後遭葛榮邢杲之亂，北齊北周之爭，這稍稍恢復的戶口又隨戰亂而零落。隋朝統一北方，人口不過三百餘萬戶，遠較東漢永壽三年的戶口數目為少。所以，自五胡至隋，整個期間都是人口稀少與土地荒蕪的情況，正有廣闊的肥沃土地在荒廢着。

在這種情形之下，佔據土地者爲其軍政用費的支持，莫不獎勵增加人口，勸農課耕，以圖增加政府的稅收。這兩種政策貫澈北朝而不變，尤以北魏時代爲顯著。北魏在建國之始，卽行勸農課耕的政策。依史書的記載，有下面的政令。

登國元年二月，幸定襄之盛樂，息衆課農。（註一）

天興初制定京邑，東至代羣，西至善無，南極陰館，北盡參合，爲畿內之田；其外四方四維，置八部帥以監之。勸課農制，量校收入，以爲殿最。（註二）

其制有司課畿內之田，使無牛家以人力牛相貿，墾殖鋤耨……所勸種頃畝，明立薄目，所種者於地首標題姓名，以辨播殖之功。（註三）

太安初，遣使者二十餘輩，循行天下，觀風俗，視民間疾苦，詔使者察諸州墾殖田畝，飲食衣服，閭里虛實，盜賊劫掠，貧富強弱而罰之。（註四）

延興二年，詔工商雜伎盡聽赴農，諸州郡課民益種菜果。（註五）

延興三年，詔牧守令長，勤率百姓，無令失時，同郡之內，貧富相通，家有兼牛，通借無者，若不

從詔，一門之內終身不仕，守宰不督察，免所居官。（註六）

太和元年詔今牧民者與朕共治天下也，宜簡以徭役，先之勸獎，相其水陸，務盡地利，使農夫外佈，蠶婦內勤，若輕有徵發，致奪民時，以侵擅論，民有不從長教惰於農桑者，加以罪刑。（註七）

太和二十年詔，又享民始業農桑爲本田稼多少，課督不具以狀告。（註八）

勸農課耕的目的，在充分榨取人民的勞動力及土地的生產力，當時欲達到這個目的的方法，莫善於計口授田。計口授田可以說是原始型的均田制度。我們知道均田制度並不是平均分配土地的所有權，而是要耕墾同量的土地，與計口授田具有同樣的效力。曹魏的屯田和兩晉的占田課田，也是不脫這樣的意義；並且計口授田到均田的演變，也正同於屯田到占田的演變。在人口凋敝與土地荒蕪的時候，發生這種含有強迫墾闢意義的土地制度，也是比較合理的。從這一點上着眼，使我們對北魏均田制度的理解，只認爲是國家莊園下一種課耕的政策，而不是平均土地的實行，只顧到一個人能耕種土地的多少，並未注意一個人所有土地的多少。這均田制度的課耕精神，我們可用均田法令的本身去證明。第一頒佈均田令的詔書，即含有課耕的精神。我們看太和元年及太和九年的詔書。

太和元年詔曰：去年牛疫，死傷大半，耕墾之利，當有虧損。今東作既興，人須肆業，其敕其所督課田農，有牛者加勤於常歲，無牛者倍庸於餘年，一夫制治田四十畝，中男二十畝，無令人有餘力，地有餘利。（註九）

太和九年詔曰：爰暨季葉，斯道陵替，富強者幷兼山澤，貧弱者望絕一廛，致令地有遺利，民無餘財，或爭畝畔以亡身，或因饑饉以棄業，而欲天下太平，百姓豐足，豈可得哉。今遣使者循行州郡，與牧守均給天下之田，還受以生死爲斷，勸課農桑，興富民之本。（註一〇）

太和元年詔書中的「制治田四十畝」，太和九年詔中「無令人有餘力，地有餘利，」「勸課農桑，興富民之本」都是爲迫使人民墾闢，才去實行均田制度。第二均田制度之使私有土地的擴大，也是奬勵墾闢的一法。我們知道，未實行均田制度以前的土地，大半都是些官田荒田，及流爲官田的絕戶田及沒收田，這些土地的所有權的不確定，使人民都不肯盡力去經營。及至均田制度實施，將一些無主的土地重確定其所有權，永業田只授不收，露田准予買賣，使所受的土地多少具備了私有的性質，土地一經私有，自然可以刺激耕者開闢的努力。第三，從奴婢與牛的能夠受田，也可以曉得均田制度的課耕的精神。荒廢土地的急待開發，使勞動力的需要大爲增加，五胡以降的耕牛缺乏，及太和元年前後的牛疫，使政府對耕牛頗爲重視，太和九年令下，耕牛之能受田，決非偶然。奴婢係屬於他人的一種物件，個人沒有土地的所有權，而授田令有奴婢依良的規定，且其負擔稅額只占良人的四分之一。這樣的優待奴婢，也只有從重視其勞動力上求了解。所以這時不論人的良賤，只要有耕種的能力，就有耕種的機會。荒歉時代政府對於荒廢的國有莊園，獎勵墾闢，也必然是這樣的了。

（註一）魏書二太祖紀。
（註二）魏書一一〇食貨志。
（註三）魏書卷四下恭帝紀。
（註四）魏書卷一一〇食貨志。
（註五）至（註一〇）並見魏書七高祖紀。

三　均田制度的實施

北朝均田制度的實施，不是從太和九年才開始。北魏初期所行的計口授田，就是均田制度的原始規型。上邊說過北魏的勸農課耕，這種政策大體偏重屬於國有的莊園，在國有的莊園上，想要榨取人民的勞動力及土地的生產量，計口授田就是很適宜的辦法。史書上有明文記載的如：

（皇始時）既定中山，分徙吏民及徒河種人百工伎巧十餘萬家以充京師，各給耕牛，計口授田。（註一）

天興元年二月詔：給內徙新民耕牛，計口授田。（註二）

永興五年置新民於大寧川，給農器，計口授田。（註三）

均田制度，本是北朝國家莊園中始終推行的土地制度，由北魏初期的計口授田開始，以至於隋的均田終止。這是承受曹魏的屯田，西晉的占田課田而來，僅限於屬於國家的土地。

北魏初期的計口授田，到孝文帝時，漸漸發生弊端。太和七八年之頃（註四），李安世上疏敍述這時計口授田的破壞的情形：

時民困饑流散，豪右多有占奪。安世乃上書曰：「……竊見州郡之民，或因年儉流移，棄賣田宅，漂居異鄉，事涉數世，三長既立，始返舊墟，廬井荒毀，桑榆改植，事已歷遠，易生假冒，強宗豪族，肆其侵凌，遠認魏晉之家，近引親舊之驗。又年載稍久，鄉老所惑，群證雖多，莫可取據，各附親知，互有長短，兩證徒具，聽者猶疑，爭訟遷延，連紀不判。良疇委而不開，柔桑枯而不採，僥倖之徒興，繁多之獄作，欲令家豐歲儲，人給資用，豈可得乎？愚謂今雖桑井難復，宜更均量，審其經術，令分藝有準，力業相稱，細民獲資生之利，豪右靡餘地之盈，則無私之澤，乃播均於兆庶，如阜如山，可有積於比戶矣。又所爭之田，宜限年斷，事久難明，悉屬今主。然後虛妄之民絕望於覬覦，守分之士永免於凌奪矣。」高祖深納之，後均田之制，起於此矣。（註五）

這篇奏疏裏，我們應注意的是，因計口授田而歸於人民的私有地，因年儉流移，或賣或棄，及數世後還鄉，地已爲豪強所奪。李安世建議以此種難分所有主的土地，宜限年決斷；事久難明的，悉屬今主。在這篇奏疏裏，我們可以知道，政府並不注意所有權分明的土地，只是注意那所有權不分明的土地。所有權分明的土地雖多也不去管牠，所有權不分明的土地，才拿去按人分配，以免相爭的弊端。太和九年均田令就是按照這個建議實行的。

太和九年均田令以後，尚有東魏末年，北齊河清三年及北周文帝輔政時的三次均田令。（註六）

（東魏末）時初給人田權貴皆佔良美貧弱咸受堉薄。（註七）

河清三年令職事及百姓請墾田者名爲受田奴婢受田者，親王止三百人，嗣王止二百人，第二品嗣王以下及庶姓王止一百五十人，正三品以上及皇宗止一百人，七品以上止限八十人八品以下至庶人限止六十人。奴婢限外不給田者皆不輸。其方百里外及州人，一夫受露田八十畝，婦四十畝。奴婢依良限數與在京百官同。丁牛一頭受田六十畝，限止四牛。又每丁給永業二十畝爲桑田，其中種桑五十根楡三根棗五根，不在還受之限。非此田者悉入還受之分。土不宜桑者給麻田，如桑田法。（註八）

北周太祖作相創制司均掌田里之政令，凡人口十已上宅五畝，口九已上宅四畝，五口已下宅二畝。有室者田百四十畝，丁者田百畝。（註九）

總括這幾次均田令的規定，約述如下：

（A）授田的對象——有六：

1.丁——成丁年限的規定，北朝各代稍不一致。北魏沒有明文紀載，若以授田年齡作爲成丁年齡的標準，或卽以十六歲爲成丁。北齊北周及隋初皆以十八歲成丁。北齊以六十六歲爲老，北周以六十五歲爲老，計其成丁年限爲四十八年及四十九年。自北魏至隋，一夫一婦的受田總數爲一百四十畝。北魏男丁受露田四十畝，連倍田四十畝數爲八十畝，女丁露田數二十畝，連倍田數爲四十畝，男丁桑田二十畝，女丁無桑田，合計共一百四十畝。北齊河清三年定令，一夫受露田八十畝，一婦受露田四十畝，合受永業田二十畝，合計亦爲一百四十畝。北齊仿效齊制，有室者給田一百四十畝，單丁給田百畝。隋沿周制。

2.次丁——北魏次丁年齡，沒有明文規定。北齊以十六歲至十七歲爲次（中）丁，北周或者亦沿襲齊制。魏齊周次丁的受田，皆當成丁的半數，共露田四十畝，不受永業田（桑田）。

3.奴婢——奴婢依良丁授田，奴受露田八十畝，婢受露田四十畝，桑田亦與良丁同樣的領受。北魏奴婢受田的人數，沒有限制，北齊奴婢受田者，親王止三百人，嗣王止二百人，第二品嗣王以下及庶姓王止一百五十人，正三品以上及皇宗止一百人，七品以上限止八十人，八品以下至庶人限止六十八。

4.牛——北魏太和九年令牛一頭受田三十畝，連同倍田，爲數六十畝。北齊北周皆一牛受田六十畝，限止四牛。(註一〇)

5職官——北魏諸宰民之官，隨地給公田，刺史十五頃，太守十頃，治中別駕各八頃，縣令郡丞六頃。北齊北周，職官受田皆沒有留下確切數字，河清三年定令只說：

> 京城四面諸坊之外，三十里內爲公田，受公田者三縣代遷內執事官一品已下逮於羽林武賁各有差。
>
> 其外畿郡華人官第一品已下羽林武賁各有差。

到隋朝卻有正確的數字可查。隋書食貨志載，自王公已下至於都督皆給永業田各有差，多者至百頃，少者四十畝（畝應爲頃之誤）京官又給職分田，一品給田五頃，每品以五十畝爲差，至九品給職分田一頃。

6.其他——據太和九年下詔，凡是全家沒有成丁的，都是些老弱殘廢的人，也給以半夫之田，卽受田四十畝。其外不再嫁的寡婦，雖不納稅，也給以一婦之田，卽受田四十畝。工商雜戶，在北朝沒有受田的權利。

(B)授田的種類——有三：

1.露田——凡男女達到成丁的年齡，就可受田，死後由政府收回，改授他人。太和九年詔所謂「收授以生死爲斷。」這種能授能收的田，叫做露田。

2.桑田——北魏名桑田，北齊以後名永業田。這種田只授不收。田內課種桑五十根，楡三根，棗五根，太和九年詔與河淸三年的令規定相同。

(C)田的還授

1.授田——可分八項言之：

凡人民達到成丁的年齡卽可授田。

授田有寬鄉狹鄉之分，凡按照規定足够分配的地方爲寬鄉，不够分配的地方爲狹鄉，寬鄉則露田桑田如數授給，狹田如露田不足，則以桑田充數，要是再不夠，北魏所謂「率倍之」的倍田就不再給，就是男丁只授四十畝，女丁只授二十畝。

授田的時間，以每年正月起始。

諸遠流配謫無子孫及戶絕者的墟宅桑田，盡爲公田，再分授的時候，應先給其所親，未給之間，亦准借與其所親。

進丁受田，則在其已受之田的附近授之。

同時受田者先貧後富，再倍之田，仿此爲法（言三易之田，再倍授之。）

諸桑田皆爲世業，死後不還，遺於子孫。有盈者不授亦不還，不足者則按法給之。

不宜植桑之地，則給麻田，授法如桑田。

2. 還田——可分四項言之：

諸民身死則還露田。

奴婢及牛賣出後則還所授之田。

罪人及絕戶之田歸官。

還田以每年正月，若始受田而身死，或奴婢牛出賣者，皆至明年正月還受。

均田法令的規定，雖然這樣的整齊至於是否能發生效力，實爲歷來研究者所爭辯的問題。他們的意見多半認爲均田制度的實施，僅是立足於法令，實行的程度，恐怕是微乎其微，著者的意見，也是這樣。著者在上一節裏並指出實施均田法令後，私有土地的擴大，更特別指明均田制度只在土地使用上注意，並未在土地所有上注意。這樣，在均田制度下所謂「均」的破壞，當是自然的趨勢。北魏初期計口授田只有授，不見收，土地歸於私有及趨於不均，是不用說了！太和九年的均田令，因有奴婢牛的授田，在法令上，就已允許土地不均的存在。

計口授田，最後的一次紀載在永興五年。所謂計口授田，在某一地域也僅施行一次。北魏初期的計口授田雖有數次，但不是全部的另授，而是局部的再授，一次授田以後，土地就慢慢出了「平均」破壞的情形，平均破壞的原因，一方面是貧窮人家的出賣，一方面是富強人家的侵佔，太平眞君時就發生這樣的現象！史書說：

是時多禁封良田，又京師游食者衆。允因言曰：臣少也賤，所知惟田，請言農事。古人云，方一里則爲田三頃七十畝，百里則田三萬七千頃，若勤之則畝益三升，不勤則畝損四升，方百里損益之爲率粟二百二十二斛，況以天下之廣乎？若公私有儲，雖遇飢年復何憂哉。世祖善之，遂除田禁，悉以授民。（註一一）

上引李安世的奏疏，也曾說「時民困飢流散，豪右多有占奪。」計口授田後，土地歸於私有，自然會有這樣不均的情形發生。太和九年孝文帝爲了李安世的奏疏，再令天下實行均田，這次均田的性質，曾在上面指出僅是在確定人民所爭不決的土地的所有權，所有權顯明的土地，歸舊主所有，此卽李安世疏所謂「所爭之田，宜限年斷，事久難明，悉屬今主。」所有權不明的，再由政府按勞動力的強弱等次分給貧民。這次均田，說是她僅將無主的土地分配，想非過當之辭。所以剛剛在這次均田之後，還有人提議天下普徧的計口授田，去救濟貧富的不均。這就是太和十一年韓麒麟的奏疏：

制天下男女計口受田，宰司四時巡行，臺使歲一按檢，勤相勸課，嚴加賞罰，數年之中，必有盈贍，雖遇災凶，免於流亡矣。（註一二）

如果這篇奏疏，能被採納，那才眞正是一種社會政策，像太和九年的均田令，只能算得國家莊園下一種經濟政策(註一三)算不得是社會政策。因爲政府的政策，不知消除土地所有的差等法令的本身，就已承認了私有土地及土地所有不均的存在。所以行之經時，那一些分給貧民的無主土地，仍被豪富侵奪。關東風俗傳曾把均田制的破壞的原因及情況，淸晰的敍述出來：

其時強弱相淩，恃勢侵奪，富有連畛互陌，貧無立錐之地。昔漢氏募人徙田，恐遺墾課，令就良美，而齊氏全無斟酌，雖有當年權格，時蹔施行，爭地文案有三十年不了者，此由授受無法者也。

其賜田者謂公田及諸橫賜之田。魏令職分公田不問貴賤，一人一頃，以供芻秣，自宣武出獵以來，始以永賜，得聽賣買，遷鄴之始，濫職衆多，所得公田，悉從貨易。又天保之代，曾遙壓首人田，以充公簿，比武平以後，橫賜親貴及外戚佞寵之家，亦以盡矣。

又河渚山澤，有司耕墾，肥饒之處，悉是豪勢，或借或請，編戶之人不得一壟。糾賞者依令口分之外，知有買匿，聽相糾列，還以此地賞之，至有貧人實非膽長買匿者，苟貪錢貨，詐吐壯丁口分以與糾人，亦既無田，即使逃走，帖賣者帖荒田七年，熟田五年，錢還地還，依令聽許。露田雖復不聽賣買，賣買亦無重責，貧戶因王課不濟，率多貨賣田業，至春困急，輕致逃走。亦懶惰之人，雖存田地，不肯肆力，在外浮遊，三正賣其口田，以供租課。比來頻有還人之格，欲以招慰逃散，假使蹔還，即賣所得之地，地盡還走，雖有還名，終不肯住，正由縣聽其賣帖田園故也。

廣占者依令奴婢請田，亦與良人相似，以無田之良口，比有地之奴牛，宋世良天保中獻書請以富家牛地先給貧人，其時朝列，稱其合理。(註一四)

這篇記述裏，很淸楚的敍明，「富者連畛互陌，貧無立錐之地。」山澤河渚新開墾的土地，肥饒之處，亦多歸豪富佔有。公田露田之聽許買賣，奴婢牛之按令受田，都是造成貧富不均的重要條件。

東魏政治的腐敗，更加強豪族的侵奪。齊神武時豪族兼幷的酷烈，有如杜弼所說：

及將有沙宛之役，弼又請先除內賊，卻討外寇。高祖問內賊是誰？弼曰：諸勳貴掠奪萬民者皆是。高祖不答。(註一五)

北齊河淸三年令衡以當時政治情況，恐更無實行的可能，北周均田法令亦不見有何效果。總之，北朝均田制度實行的時間，恐怕是很短暫的，施行範圍，恐怕也是很狹小的，均田法令就是不等於具文，實際也就差不多了！

均田制度是拿官地的一部份去施行，殆無疑義。(註一六)均田制下，顯明的有富豪的存在，關於此種論點，近來已爲國內學者所注意。唐于志寧敍述其家世說：

臣居關右，代襲箕裘，周魏以來，基址不墜。行成等新營莊宅，尙少田園，於臣有餘，乞申私讓。(註一七)

從這條敍述裏，就可知道均田法令並未侵及私有土地的範圍，這一點在唐朝更是顯明。東魏之時，有兄弟爭田的紀載，也是私有土地存在的證據。

齊文襄時，南淸河有兄弟爭田，蘇瓊曰：天下難得者兄弟，易求者田地。(註一八)

再參以關東風俗傳的記述，更可知道私有土地的存在了！

(註一)魏書一一〇食貨志。

（註二）魏書二太祖紀。

（註三）魏書三太宗紀。

（註四）李安世的奏疏，本傳中並未有確定的年代。册府元龜列在文成帝時，玉海用通典說，列在太和元年，但以本傳所載仔細推測，似爲太和七年或八年事。又册府元龜文中「三長旣立」作「子孫旣立」「遠認魏晉之家」作「遠認魏晉之冢。」亦饒有興趣的差異。

（註五）魏書五三李安世傳。

（註六）魏書七高祖紀。

（註七）北史二四高隆之傳。

（註八）（註九）隋書二四食貨志。

（註一〇）資治通鑑一六九胡三省註：「按五代志，丁牛一頭受田六十畝，限止四年（通典作牛。）丁牛者勝耕之牛，牧牛者得受其田。」兩說皆通。按耕牛之優强年齡不過五六年，以牛之幼壯老衰作受田之標準，正可與以人之丁中作受田標準作一對照。

（註一一）魏書四八高允傳。

（註一二）魏書六〇韓麒麟傳。

（註一三）太和九年的均田令除去具有上述的勸農課耕的精神以外，還含有救荒的用意。桑田課種桑榆棗，桑是爲養蠶，榆棗都是爲的補充食糧的不足，尤以有榆莢時正是糧食缺乏之時的「荒春。」我們在史傳上也曾見過政府禁止兵士毀伐桑榆。在飢年時卽政府大軍，也須採榆葉作軍餉，此外，南北朝及唐時還有關中人譏諷關東人煮車轂而食的故事，因爲車轂係榆木，尙有榆葉味也。可見吃榆葉之通行。唐宋筆記中之「冷淘」，尙有以榆葉作成的。

（註一四）見關東風俗傳

（註一五）北齊書二四杜弼傳

（註一六）漢哀帝時賜董賢田二千頃，史稱「均田之制從此破壞，」「均田制」名辭之始見於此，更可玩味均田制本是官地中一名詞。又宋劉恕說「後魏均田制度，似今世佃官田及絕戶田出租稅，非如三代井田也。魏齊周隋，兵革不息，農民少而曠土多，故均田之制存；至唐承平日久，丁口滋衆，官無閒田，不復給授，故田制爲空文。唐志云口分世業之田壞而爲兼幷，似指以爲井田之比，失之遠矣。」亦以均田制係官田中之制度。見玉海一七六唐口分世業田。

（註一七）舊唐書七八，新唐書一〇四于志寧傳。

（註一八）北齊書四六蘇瓊傳。

四　南朝土地制度的檢討

南北朝時，有兩種土地存在，一種是官有地，一種是私有地，北朝官有地的面積比較廣闊，國家將這一部份土地分給農民，這就是上邊所說的均田制度。南朝與北朝的情形不同，官有地面積的狹小，使政府領地的土地所有形態不甚顯著，而顯著的土地所有形態，是大族的土地私有制。南朝未經像中原那樣的長期荒亂，秦漢以來所發展的土地私有並未破壞，大土地所有，從東吳以來，都是巍然存在的。我們看南朝大土地所有的實例：

隆安中，逵為廣州刺史領平越中郎將假節。暢為始興相，弘為冀州刺史，兄弟子姪並不拘名行，以貨殖為務，有田萬頃，奴婢千人，餘貲稱是。（註一）

混，仍世宰輔，一門兩封，田業十餘處，僮僕千人，惟有二女年數歲。弘微經紀生業，事若在公，一錢尺帛出入皆有文簿……東鄉君薨後，資財鉅萬，園宅十餘，又會稽吳興瑯邪諸處，太傅司空琰時事業，奴僮猶有數百人。（註二）

又有園舍在婁湖，慶之一夜攜子孫徙居之，以宅還官，悉移親戚中表於婁湖，列門同閈焉。廣開田園之業，每指地示人曰，錢盡在此中。身享大國，家素富厚，產業累萬金，奴僮千人。（註三）

最常引用的孔靈符的莊園，土地面積更較廣闊。

靈符家本豐，產業甚廣。又於永興立墅，周回三十三里，水陸地二百六十五頃，含帶二山，又

有果園九處。爲有司所糾。（註四）

著名的文人謝靈運，因父祖之資，生業甚厚，他的南北兩居，幅員也頗不小，據他的山居賦的敍述，裏面具備了鳥獸魚蟲，水石林竹，田園花果。他描寫南山是：

夾渠二田，周嶺三苑，九泉別澗，五谷異巘，羣峯參差出其間，連岫複陸成其坂，衆流溉灌以環近，諸堤擁仰以接遠，遠堤兼陌近流開端，凌阜泛波，水往步還。

他描寫南北兩山的果園是：

北山二園，南山三苑，百果備列，乍近乍遠，羅行布株，迎早候晚，猗蔚溪澗，森疏崖巘，杏壇㮈園，橘林栗圃，桃李多品，梨棗殊所，枇杷林檎，帶谷映渚，椹梅流芬於回巒……椑柿被實，畦町所藝，含蘂藉芳，蓼蕺葼薺，葑菲蘇薑，綠葵眷節以懷露，白薤感時而負霜，寒葱標倩以陵陰，春藿吐苕以近陽……（註五）

謝靈運的莊園設備算得是比較完備，農產果林，莫不具備，他自己也曾說道「春秋有待，朝夕須資，既耕以飯，亦桑貿衣，藝菜當肴，鋤藥救頹。」這是一個自足自給的莊園。南朝大土地所有的存在，本是明顯的事實無須多所論列。在這大土地所有的南朝，歷代所遺留的土地私有權，甚爲顯明，土地的兼幷除去買賣的方式以外，很少其他的吞併方法。南朝的土地所有權的分明及耕地的多被開發使南朝豪強的兼幷採取了另一種方式，這種方式就是封固山澤土地的盡行開闢以後，只有轉向未有屬主的山澤。如：

刁氏素殷富，奴客縱橫，固吝山澤，爲京口之蠹。（註六）

此間萬頃江湖，撓之不濁，澄之不淸，而百姓投一綸下一筌者，皆奪其魚器，不輸十疋則不得放。不知漆園吏何得持竿不顧，漁父鼓枻而歌滄浪也。（註七）

會稽多諸豪右，不遵王憲，又幸臣近習，參半宮省，封略山湖，防民害治。（註八）

山湖之禁，雖有舊科，民俗相因，替而不奉，熂山封水，保爲家利。自頃以來，頽弛日甚，富強者兼嶺而占，貧弱者薪蘇無託，至漁採之地亦又如玆。斯實害治之深弊，爲政所宜去絕，損益舊條，更申恆制。（註九）

南齊太祖時劉思效表陳讜言，也說：

貴勢之流，貨寶之族，車服佚樂爭相佚麗，亭池第宅競趨高華。至於山澤之人，不敢採飲其水草。(註一〇)

梁時：

司徒竟陵王於宣城臨城定陵三縣界立屯，封山澤數百里，禁民樵採。(註一一)

政府爲禁止豪族的封固山澤，曾有最嚴厲的懲罰，晉成帝咸康二年的壬辰詔書規定「占山護澤，彊盜律論贓一丈以上皆棄市。」(註一二)這個法令直行到宋大明年間才告廢止。這條法令廢止之後，政府定出占山格五條：

有司檢壬辰詔書「占山護澤彊盜律論贓一丈以上皆棄市」，希以壬辰之制，其禁嚴刻，事既難遵，理與時施，而占山封水，漸染復滋，更相因仍，便成先業，一朝頓去，易致嗟怨，今更刊革立制五條。凡是山澤先熂爈積養竹木雜果爲林，及陂湖江海魚梁鰌鮆場，常加功修作者聽不追奪。官品第一第二聽占山三頃第三第四品二頃五十畝，第五第六品二頃，第七第八品一頃五十畝，第九品及百姓皆依定格，條上貲簿。若先已占山，不得更占，先占闕少，依限占足。若非前

條舊業，一不得禁。有犯者水土一尺以上並計贓依常盜律論停除咸康二年壬辰之科。從之。(註一三)

但是大明七年仍有占固山澤的事實：

大明七年七月丙寅詔前詔江海田池，與民共利，歷歲未久浸以弛廢，名山大川，往往占固，有司嚴加檢糾申明舊制。(註一四)

梁時亦有禁止封固山澤的詔令，

大同七年十二月壬寅詔曰：……又復公私傳屯邸冶爰至僧尼，當其地界，止應依規守視，乃至廣加封固越界分斷水陸採捕及以樵蘇，遂致細民措手無所。凡自今有越界禁斷者，禁斷之身皆以軍法從事。若是國家創內，止不得輒自立屯，與公競作以收私利。至百姓樵采以供煙爨者，悉不得禁。及以采捕，亦不訶問。若不遵承，皆以死罪結正。(註一五)

南朝因爲大族勢力的龐大，這些禁令恐怕也僅是一些具文！

南朝除有廣闊的私有土地以外，尙有些微的官田存在，宋代有田曹經理官田，(註一六)梁武帝陳宣帝都曾有賦給民田的事情；

天監十七年春正月丁巳朔詔；凡天下之民有流移他境，在天監十七年正月一日以前，可開恩半歲悉聽還本蠲課三年，……若流移之後，本鄉無復居宅者，村司三老及餘親屬即爲詣縣告請村內官地官宅令相容受，使戀本者還有所託。(註一七)

太建十一年三月丁未詔；淮北義人率戶口歸國者，建其本屬舊名，置立郡縣，即隸近州，賦給田宅，喚訂一無所預。(註一八)

這些法令在南朝可謂鳳毛麟角，但亦無足輕重。可是這一點點的官有土地，有地癖的大族也不肯輕手放過：

大同七年十一月丁丑詔曰；用天之道，分地之利，蓋先聖之訓格也。凡是田桑廢宅沒入者公創之外，悉分給貧民，皆使量其所能以受田分。如聞頃者豪家富室，多占取公田，貴價僦稅以與貧民，傷時害政，爲蠹已甚。自今公田悉不能假與豪富，已假者特聽不追。其若富室給貧民種糧共營作者，不在禁例。(註一九)

貧民依以爲生的湖沼，大族也要決之以爲田：

會稽東郭有回踵湖，靈運求決以爲田，太祖令州郡履行。此湖去郊近，水物所出，百姓惜之。（孟）顗堅執不與。靈運既不得回踵，又求始寧岯崲湖爲田，顗又固執。靈運謂顗非存利民，正慮決湖多害生命，言論毀傷之，與顗遂構仇隙。（註二〇）

南朝大族土地慾的盛熾，於此可見一般。由大族對土地兼幷方式的不同，又可看出南北兩朝土地制度的差異，一方是以國家莊園下的均田制度爲支配的地土制度，一方是以大土地私有制爲支配的土地制度。從土地制度的差異上，我們還可以看出南北兩朝政府與大族勢力彼此之間消長的不同。

（註一）晉書六九刁協傳。
（註二）宋書五八謝弘微傳。
（註三）宋書七七沈慶之傳。
（註四）宋書五四孔靈符傳（季恭弟。）
（註五）宋書六七謝靈運傳。

（註六）晉書六九刁逵傳。

（註七）全晉文二王胡之與庾安西箋。

（註八）宋書五七蔡興宗傳。

（註九）宋書五四羊玄保傳。

（註一〇）南齊書五四顧歡傳。

（註一一）梁書五二顧憲之傳。

（註一二）宋書五四羊玄保傳。

（註一三）宋書五四羊玄保傳。

（註一四）宋書六孝武紀。

（註一五）梁書三高祖紀。

（註一六）見宋書四二王弘傳。

（註一七）梁書二武帝紀。天監十六年正月詔亦有「其無田業者所在量宜賦給」句。

（註一八）陳書五宣帝紀。

（註一九）梁書三武帝紀。

（註二〇）宋書六七謝靈運傳。

五　屯田制度

A前朝屯田區域概述——屯田的起源，遠在西漢中葉。漢昭帝時曾發將士屯田張掖郡，宣帝時趙充國擊先零羌，也曾罷騎兵屯田。這兩次屯田都在西北邊境，目的在防禦匈奴與羌族的入侵。東漢初與內地在大亂之後，中興諸將亦有屯田內地的，如馬援之屯田上林苑，張純之屯田南陽。這是一時的現象。迨宇內澄平，屯田的地帶仍多在邊疆各郡，東漢僅僅邊郡才置有農都尉，就是很好的證明。總看兩漢時的屯田，大抵不外西北邊疆一帶，因爲這時的勁敵，正是西北兩方的蠻族。

但是東漢安順以降，戰亂的頻仍，農民暴動的普起，使內地徧佈廣闊的荒地。於是後代政府的屯田，除去邊疆以外，內地也正規的實行。這時候屯田的性質，不僅是兵屯，又加上了民屯，成績最顯著的要算曹魏時代。

曹魏時代，各州郡都置有田官，實行屯田。但在邊疆，仍然是選擇軍事要地。這一類地方，如許昌、襄城、漢中、長安、渭濱、上邽等地，最著名的還有淮潁一帶的大規模的屯田。在內地，則以官田的區域，或是政府勢力所在地爲準。這類地方，如鄴是曹魏的發祥地，就特別注意招集人民去開發。其他如汲郡、河內、河東、沛、洛陽等地也是重要的屯田區域。（註一）西晉屯田的事例比較少些，但所有的紀載，還不脫這些地帶。以後各代屯田的性質大都脫離不了兵屯，屯田的區域也不外前朝的遺跡。

（B）北朝的屯田及其特質——北朝屯田的性質，與曹魏時代有些不同，與以後各代的屯田，也有些差異。北朝對國有土地的支配，表現爲兩種形式，一是上述的均田制度，一卽這裏的屯田制度。兩漢的屯田僅僅是軍屯，曹魏也僅幾個特定區域的軍屯與民屯，可是北魏太和十二年的屯田，卻是取州郡的民戶行普徧的屯田。李彪建議說：

「又別立農官，取州郡戶十分之一以爲屯民。相水陸之宜，斷頃畝之數，以贓贖雜物市牛科給，令其肆力。一夫之田，歲責六十斛，甄其正課幷征戍雜役。行此二事，數年之中則穀積而民足矣。」帝覽而奇之，尋施行焉。自此公私豐贍，雖時有水旱，不爲災也。（註二）

這種制度，不過是國家莊園經營的另一種方式，與均田制度一樣的普行在官地之中，並且和牠不相衝突。兩樣方式不同之點是：均田制下部份的允許人民的私有，屯田制則不具私有的性質。

均田制下的榨取，主要的在於徭役勞動，屯田制則只收地租而已。北朝除去這種特殊的屯田以外，還有普通的軍屯。軍屯的區域一部份承接曹魏的區域，仍在淮潁荊鄴一帶。淮泗一帶因爲處在南北戰區，那裏的屯田到太和四年尚未興復。薛虎子上表說道：

徐州左右，水陸壤沃，清汴通流，足盈激灌，其中良田四十萬餘頃。若以兵絹市牛，分減戎卒，計其牛數足得萬頭，與力公田，必當大獲粟稻。一歲之中且給官食，半兵耕種，餘兵尚衆，且耕且守，不妨捍邊。一年之收，過於十倍之絹，暫時之耕，足充數載之食。於後兵資唯須內庫。五稔之後，穀帛俱溢。匪獨戍士有豐飽之資，於國有吞敵之勢。（註三）

薛虎子的建議，當時也未能施行，太和十六年時孝文帝有遷都的舉動，爲軍事上運輸與積穀的方便，纔開始經營淮潁荊鄴的屯田：

隨駕南討，詔弁於豫州都督所部，及曹荊潁鄴，皆減戍士營農，水陸兼作。（註四）

値朝廷有南討之計，發河北數州田兵二萬五千人，通緣淮戍兵合五萬餘人，廣開屯田，八座奏紹爲西道六州營田大使，加步兵校尉。（註五）

從這兩條記載，我們知道北魏時代徐淮及河北一帶皆有屯田。北齊時又修淮南石鼈屯，河內懷義屯，幽州督亢舊陂及長城左右營屯：

廢帝乾明中尙書左丞蘇珍之議修石鼈等屯，歲收數萬石。自是淮南軍防糧廩充足。孝昭皇建中平州刺史稽華建議，開幽州督亢舊陂長城左右營屯，歲收稻粟數十萬石，北境得以週贍。又於河內置懷義等屯，以給河南之費，自是稍止轉輸之勞。（註六）

北朝除去承襲前朝的一部份屯田區域以外，在塞外又擴充了廣大的屯田區。在以前，石季龍使：

「典農中郎將王典率衆萬餘屯田於河濱，幽州至白狼大興屯田。」（註七）在北魏

太祖定中原，接喪亂之敝，兵革並起，民廢農業，方事雖殷，然經略之先，以食爲本，使東平公儀，墾闢河北，自五原至於棝陽塞外爲屯田。（註八）

北齊河淸三年令，亦定邊疆之地設立屯田：

緣邊城守之地，堪墾食者，皆營屯田，置都使子使以統之，一子使當田五十頃，歲終考其所入，以論褒貶。（註九）

河清三年令，我們雖懷疑爲具文，但於此處卻可以窺測北朝屯田組織的大概。總合以上所述，北朝的屯田官吏，五胡倘沿襲曹魏的官制，北魏有營田大使，各郡置有田官，北齊有都使子使等職。

（C）南朝的屯田——南朝的屯田，遠遜於北朝，北朝的完善的屯田組織，在南朝是看不到的。南朝的屯田，不外在邊疆的地帶，一是淮泗流域，一是荆漢一帶。淮泗汝潁一帶，原是魏晉屯田最著的區域，因爲南北的對立，使這一地帶淪於長期的荒蕪。北朝在太和十六年始經營徐淮的屯田，南朝在梁武時始再營芍陂屯田。（註一〇）梁書說：

> （普通四年）是冬始修芍陂。（註一一）

在普通四年以前，芍陂一帶大半是荒廢區域，人民官吏似可以自由在此墾田。如：

> 之橫字如岳，之高第十三弟也。少好賓遊，重氣俠，不事產業。之高以其縱誕，乃爲狹被蔬食以激厲之。之橫嘆曰：「大丈夫富貴必作百幅被。」遂與僮屬數百人於芍陂大營田墅，遂致殷積。（註一二）

梁武時除興復芍陂屯田以外，還在司州、荆州、竟陵、北梁、北秦等州郡興立屯田：

時軍旅之後，公私空乏，儈勵精爲治，廣闢屯田；減省力役，存問兵死之家，供其窮困，民甚安之。（註一三）

出爲竟陵太守。開置屯田，公私便之。遷爲遊擊將軍朱衣直閤直殿省尋遷假節明威將軍西戎校尉，北梁秦二州刺史復開創屯田數千頃倉廩盈實省息邊運；民吏獲安。乃相率餉絹千餘匹，遂從容曰「汝等不應耳吾又不可逆。」納其絹二匹而已。（註一四）

（中大通二年爲南北司州刺史）罷義陽鎮兵，停水陸轉運，江湖諸州並得休息，開田六千頃，二年之後倉廩充實，高祖每嘉勞之。（註一五）

南朝除梁武帝後期，興立屯田外，其他各朝，都不曾看見這種功績。南齊雖有幾次建議屯田，但都沒有實現。

（註一）參看食貨半月刊三卷三期鞠清遠著曹魏的屯田。

（註二）魏書一一〇食貨志。

（註三）魏書四四薛虎子傳。

（註四）魏書六三宋弁傳。

（註五）魏書七九范紹傳。

（註六）隋書二四食貨志。

（註七）册府元龜五〇五屯田。

（註八）魏書一一〇食貨志。按魏書二太祖紀，此係登國九年三月事。

（註九）隋書二四食貨志。

（註一〇）南齊曾修淮南屯田不果。南齊書四四徐孝嗣傳：「（建武四年，）是時連年虜動，軍國虛乏，孝嗣表立屯田曰：……竊尋緣淮諸鎮皆取給京師，費引既殷，漕運艱澀，聚糧待敵，每苦不周，利害之基，莫此爲急。臣比訪之故老及經彼宰守，淮南舊田觸處極目，陂遏不修，咸成茂草，平原陸地，彌望尤多。今邊備既嚴，戍卒增衆，遠資餽運，近廢良疇，士多飢色，可爲嗟嘆。愚欲使刺史二千石躬自履行，隨地墾闢，精尋灌溉之源，善商肥确之異，州郡縣戍主帥以下，悉分番附農。今水田雖晚，方事菽麥，菽麥二種，益是北土所宜，彼人便之，不減粳稻，開創之制，宜在及時，所啓允合，請即使至徐兗司豫，爰及荊雍，各當境規度，勿有所遺，另立主曹，專司其事，田器耕牛，台詳所給，歲終言殿最，明其刑賞，此功克舉，庶有弘益。若緣邊足食則江南自豐，權其所饒，略不可計。事御見納，時帝已寢疾，兵事未已，竟不施行。」

（註一一）梁書二八裴邃傳。

（註一二）梁書二八裴之橫傳。

（註一三）梁書二二始興王憺傳。
（註一四）梁書二八裴邃傳。
（註一五）梁書三二陳慶之傳。

第三章　租稅制度

一　中古租稅制度沿革

中國歷史上課稅的對象，不外田、戶、丁、三種物件。歷代的稅制，都是在這三種物件裏，或使之分立，或爲之歸併。牠們各個的地位，也是時而重要，時而不重要。兩漢時代，田、戶、丁、三種稅是分立的：田有田租，戶有戶賦及獻費，丁有算賦及口錢。及至黃巾亂後，社會上起了劇大的變化，在租稅上也改變兩漢時的模樣。曹操的田租戶調之制，給中國中古的賦稅制度開下了一個規模。課稅的客體，捨去「丁」，而以田戶作徵稅的標準。戶調的地位亦遠較前朝爲重要。戶調的加重，是中國中古稅制的一個特色。這時的「丁」已偏重於傜役，間而有納錢的事，也是很稀少了！曹操創下了中古稅制的基礎，經過西晉及南北朝，只有部份的修改，沒有根本的變動。西晉的戶調之式，那是純粹抄襲曹氏的戶調。整個北朝與南朝的稅制，都是與牠大同小異的。北朝在太和十年施行均田賦稅以後，田租依然存在。北齊、北周及沿襲北周的隋朝稅制，都不過是與北魏名異實同的稅法。這時課稅客體，一方面是田與戶合一的戶調，另外還有按田畝徵收的地稅。到了唐朝，賦稅制度又起了變化，由戶調與田租兩者的並立，重回到田、戶、丁三者的對立。丁納租庸調，田納地稅，戶納戶稅，在這三個稅法的對立中，租庸調還是丁與田的綜合。這是因爲唐代土地制度中，均田制僅是一部份官田的制度；以外，還有私有土地制的存在。由上邊的敍述，我們知道由漢到唐，稅制上有三次變遷，曹操立下了田租與戶調對立的稅制的基礎，西晉南北朝大體上都遵循着施行。

二　南朝稅制與戶口整理

南朝的稅制，因爲史書紀載的不明，所以沒有顯明的史料，可供我們直接敍述。不過根據零碎材料的整理，在大體上，我們認爲南朝稅制，是沿襲魏晉而來的。在南朝史書上所發現與戶調田租並立制相關的稅目，有「田租」（註一）、「麥租」（註二）、「義租」（註三）、「夏調」、「祿秩」、「軍糧」等辭，還有相似混合稅目的「租布」（註四）、與「三調」（註五）。我們從這些稅目的遺留中，多少可以曉得南朝稅制的一點來歷。

曹操的稅制，是田租畝四升戶出絹二匹綿二斤，裏面包含「田租」與「戶調」兩種稅目。曹魏及晉武初年沿襲這種稅制是無疑的。晉武帝頒布戶調以後也有田租字樣的存在，（註六）西晉還是田租與戶調相對立的稅制，也是無疑的。在東晉時代戶調與田租顯明的並立原不待考證。東晉戶調之中包含「祿絹」、「祿綿」、「租米」、「祿米」、「義租」、「墾租」等名辭，我們再看南朝稅目的「田租」、「義租」、「祿秩」等名辭，就與東晉時的田租、義租、祿米相當。所稱混合稅目的「租布」，就是田租與調布的合稱，所謂「稅調」「租庸」，更可證明田租與戶調兩相對立的稅制的存在。在史籍上，南朝稅制雖沒有清楚的紀載留給我們，但以上邊的證明，仍是沿襲魏晉的田租與戶調並立的稅制，是沒有什麼錯誤的。

這裏我們敍述南朝的稅制：

（A）田租——南朝賦稅，有田租一項，上邊已經說過。田租就是田稅。曹操所定田稅的數目，是每畝稅四升，西晉的田稅數目沒有明白的記載，或沿襲曹氏稅數，亦未可知。東晉田稅，據隋書食貨志的紀錄是：

其田，畝稅米二斗。（疑爲升之誤）

這是在戶調租米五石以外另納的田稅。史稱：

咸和五年，成帝始度百姓田取十分之一，率畝稅米三升。

這條史料，不能認爲咸和五年始收田租，而是咸和五年始度田收租。這是東晉對田稅的一次整理，而不是另立規模的稅制。明乎此，我們方能了解「孝武太元二年除度定田收租之制」（註七）的意義。度田收租，是承襲曹魏西晉所徵收的田稅；定田收租，乃是隋書食貨志所稱的東晉戶調中的租米五石的租米。這田稅與戶調中租米的對立，和唐代租庸調的租與地稅的對立原是同樣的情形。租米是與占田制相輔而行的戶調之式的田租，丁男受田七十畝，納租米五石，這是有一定的田而納一定的稅；田稅是按頃畝多寡而徵納。田畝之稅在哀帝即位時曾減爲畝二升，孝武時取消了度田與定田收稅法，太元二年定爲：

王公以下口稅米三斛，唯蠲在役之身。

八年又增稅米口五石。

這口稅五石的稅法，頗爲歷來學者所驚異，（註八）以爲王公以下，或不是汎指一般人民。殊不知東晉稅法戶調式中卽有丁男課租米五石的規定，這租米五石以外，還要擔負每畝二升的田稅，每口約以墾田七十畝計算，則爲一石四斗，合計負擔共爲六石四斗。孝武帝之除度定田收稅之制，乃是修正了東晉的戶調式，將「租米」與「田租」合併徵收，所以口稅五石的稅額，史書幷未譏其苛重。不惟沒譏其苛重，且說「至於末年，天下無事，時和年豐，百姓樂業，穀帛殷阜，幾乎家給人足。」可知孝武並非加重田稅，而實減輕負擔了！

至於宋齊梁陳，我們雖證明有田租的存在，但以紀述的缺乏，不能指出稅額究竟多少。若以前朝或東晉的稅率作爲標準，推測南朝田租的數量，想亦不過每畝二升、三升或四升。每口三石、四石或五石。

（B）戶調——以上邊的證明，我們知道南朝稅制有戶調之式。東晉戶調是：

其課，丁男調布絹各二丈，絲三兩，綿八兩，祿絹八尺，祿綿三兩零二分。租米五石，祿米二石。丁女並半之，

男女年十六以上至六十爲丁。男年十六亦半課，六十六免課。女以嫁者爲丁，若在室者年二十乃爲丁。

這與曹氏及西晉的戶調略有差異，魏西晉的戶調僅是徵納綿絹或布，而東晉的戶調，內加租米祿米。租米祿米與田稅雙重徵收。晉孝武帝太元二年將戶調中的租米除去，使戶調式大體恢復了西晉的舊觀。宋齊梁陳都沿襲這種制度。宋孝武帝曾略加修改。

大明五年十二月甲戌制天下民歲輸布四疋。（註九）

這樣的改正以後，與曹操的戶調絹二匹、綿二斤，西晉的丁男之戶歲輸絹三疋、綿三斤的制度，幾乎相同了！

除此以外，還有一種完全佃種官田的稅法。史稱：

郡大田武吏（註一〇），年滿十六便課米六十斛（通典四作十六斛），十五以下至十三皆課

米三十斛（通典作十三斛），一戶內隨丁多少悉皆輸米。（註一一）

（C）雜稅——南朝除田租戶調以外，還有商稅、市稅、鹽稅、酒稅、口錢、貲賦、塘丁及屋宅田桑等稅。商稅是包稅制度：

天監初任昉奏曰：臣聞貧觀所取，窮視不爲，在於布衣窮居，介然之行，尙可以激貪厲俗，惇此薄夫。況伐冰之家，爭雞豚之利，衣繡之士，受賈人之服。風聞征虜將軍臣蕭穎達啓乞魚軍稅，輒攝穎達宅督彭難當到臺辨問，列稱尋主魚典稅，先本是鄧僧琰啓乞限訖今年五月十四日，主人穎達於時謂非新立，仍啓乞接代僧琰，卽蒙降許登稅，與史法論一年收直五十萬。知其列狀，則與風聞符同。穎達卽主。臣謹案征虜將軍太子右衞率作唐縣開國侯臣穎達備位大臣，預聞執憲，私謁亟陳，至公寂寞，屠中之志，異乎鮑肆之求；魚飧之資，不俟潛有之數。遂復申茲文二，追彼十一，風體若茲，準繩斯在。（註一二）

看永明四年蕭子良的奏疏，市稅也像包稅制度。

又司市之要，自昔所難，頃來此役，不由才舉，並條其重貲，許以賈衒，前人增估求俠，後人加

稅請代，如此輪回，終何紀極。（註一三）

晉自過江卽有商稅，歷宋齊梁陳沒有改變。

晉自過江，凡貨賣奴婢馬牛田宅，有文券，率錢一萬輸估四百入官，賣者三百，買者一百。無文券者隨物所堪，亦百分收四，名爲散估。歷宋齊梁陳如此，以爲常。（註一四）

市稅，也是襲自前朝：

（太祖輔政）以市稅重濫，更定榻格，以稅還民。禁諸市調及苗籍，二千石官長不得與人爲市。（註一五）

（後主）稅江稅市，徵取百端。（註一六）

此外有鹽稅榷酤：

天嘉二年十二月太子中庶子虞荔御史中丞孔奐以國用不足，奏立煮海鹽賦及榷酤之科，詔並施行。（註一七）

酒租：

潘氏服御極選珍寶，主衣庫舊物不復周用，貴市民間金銀寶物，價皆數倍，虎魄釧一隻值百七十萬。京邑酒租皆折使輸金以爲金塗，猶不能足。下揚南徐二州橋桁塘埭丁計功爲直，斂取見錢供大樂主衣雜費。由是所在塘瀆多有隳廢。（註一八）

魚池之稅：

（爲梁州刺史鎭襄陽）州境所有魚池，先恆責稅，卓不收其利，皆給貧民，西土稱爲惠政。（註一九）

時合州刺史陳莫贓汙狠籍，遣使就渚斂魚，又於六郡乞米，百姓甚苦之。（註二〇）

塘丁之稅：

臣昔忝會稽，粗閑物俗，塘丁所上，本不入官，良由陂湖宜壅，橋路須通，均夫訂直，民自爲用，若甲分毀壞，則年一修改，若乙限堅完，則終歲無役。今郡通課此直，悉以還台，租賦之外，更生一調，致令塘路崩蕪，湖源泄散，害民損政，實此爲劇。建元初，狡虜游魂，軍用殷廣，浙東五郡，丁稅一千，乃有質賣妻兒以充此限，道路愁窮，不可聞見，所逋尚多，收上事絕，臣等具啓聞，卽蒙蠲厚。而

此年租課，三分逋一，明知徒足擾民，實自弊國。愚謂塘丁一條，宜還復舊，在所逋卹，優量原除。（註二一）

貲賦：

又取稅之法，宜計人爲輸，不應以貲云何，使富者不盡，貧者不蠲，乃令桑長一尺，圍以爲價，田進一畝，度以爲錢，屋不得瓦，皆責貲實。民以此，樹不敢種，土畏妄墾，棟焚榱露，不敢加泥，豈有剝善害民，禁衣惡食，若此苦者？方今若重斯農，則宜務削兹法。（註二二）

（永明四年子良啓）：三吳奧區，地惟河輔，百度所資，罕不自出，宜在蠲優，使其全富。而守宰相繼，務在裒剋，圍桑品屋，以准貲課，致令斬樹發瓦，以充重賦，破民財產，要利一時。（註二三）

及梁臺建，乃下寬大之書，昏時雜調，咸悉除省。……元年始去（開明版去下有人字，百衲本無，南史同。），貲計丁爲布。……（註二四）

口錢：

以穀過賤，聽民以米當口錢。（註二五）

大赦天下，改齊中興二年爲天監元年……逋布口錢宿債勿復收。（註二六）

屋宅田桑課稅，前已言之。此外尙有癸卯梓材庚子皮毛，想係一種臨時稅：

義熙八年十一月己卯，公至江陵，下書曰：夫弘弊拯民，必存簡恕，捨網修綱，雖煩易理，江荆彫殘，刑政多闕，頃年事故，綏撫未過，遂令百姓疲匱，歲月滋甚，財傷役困，慮不幸生，凋殘之餘而不減舊，刻剝徵求，不循政道，宰莅之司，或非良幹，未能菲躬儉，苟求盈給，積習生常，漸不知改。近因戎役，來涉二州，踐境親民，愈見其瘼，思欲振其所急，卹其所苦，凡租稅調役，悉宜以見戶爲正，州郡縣屯田池塞，諸非軍國所資，利入守宰者，今一切除之，州郡縣吏，皆依尙書定制實戶置台，調癸卯梓材，庚子皮毛，可悉停省，別量所出，巴陵均折，度吏依舊兵運，原五歲刑已下，凡所質錄賊家餘口，亦悉原放。（註二七）

東晉軍國所需則臨時折課市取：

其軍國所須雜物，隨土所出，臨時折課市取，乃無恆法。（註二八）

蠻夷之稅，各隨輕重，收其賧物：

諸蠻陬俚洞霑沐王化者，各隨輕重，收其賧物，以裨國用。又嶺外酋帥，因生口翡翠明珠犀象之饒雄於鄉曲者，朝廷多因而署之以收其利，歷宋齊梁陳皆因而不改。(註二九)

宋代始興俚民及郡領銀戶皆以銀爲稅：

郡領銀民，三百餘戶，鑿坑採砂皆二三丈，功役既苦，不顧崩壓，一歲之中，每有死者，官司檢切，猶致逋違，老少相隨，永絕農業，千有餘口，皆資他食，豈惟一吏不耕或受其飢而已，所以歲有不稔，便致甚困。尋台邸用米，不異於銀，謂宜準銀課米，卽事爲便。

中宿縣俚民，課銀一子丁輸南稱半兩。尋此縣自不出銀，又俚民皆巢居鳥語，不閑貨易之宜，每至買銀爲損已甚，又稱兩受入易生奸巧，山俚愚怯，不辨自申，官所課甚輕，民以所輸爲劇，今若聽計丁課米，公私兼利。(註三〇)

(D)戶籍的整理——以戶作基礎的戶調，既在租稅中佔重要的位置，對戶籍的整理，自是政府首先注意的事情。東漢以降，南方的漸次開發及北方蠻族的壓迫，使北方的人口自由或不自由的大批遷移南方。這遷移的人口是不著戶籍的，史書稱之爲「浮浪人」，對於政府的貢納，僅是隨意樂輸樂輸的數目比正課是輕徵的多。南方從東晉以降，就有大批的這樣的人口，戶籍既然紊亂，賦稅亦無頭緒。那混亂的情形是這樣的：

魏晉以來，遷徙百計，一郡分爲四五，一縣割成兩三，或昨屬荊豫，今隸司兗，朝爲零桂之士，夕爲廬九之民，去來紛擾，無暫止息，版籍爲之渾淆，職方所以（係衍字）不能記。自夷狄內侮，有晉東遷，中土遺氓，播徙江外，幽幷冀雍兗豫青徐之境，幽淪寇逆，自扶莫而裹足，奉首免身於荊越者，百郡千城，流寓比屋，人佇鴻鴈之歌，士蓄懷本之念，莫不各樹邦邑，思復舊井。既而民單戶約，不可獨建，故魏邦而有韓邑，齊縣而有趙民，且省置交加，日回月徙，寄寓遷流，迄無定託，邦名邑號，難或詳書。（註三一）

這種僑居人戶就是那些浮浪人。

東晉以降的政府，爲增加租稅的收入，首先就要使這些僑戶從新附籍，這就是所稱「土斷之法。」土斷之法，從東晉到陳，都是整理戶口的唯一方法。最著名的一次，要算晉哀帝興寧二年三月的「庚戌土斷，」（註三二）在這以前，還有成帝咸和中的土斷（註三三）及咸寧六年的土斷（註三四）都沒有庚戌土斷著名。庚戌土斷是由權臣桓温主持的。庚戌土斷以後，還有一次同樣重要的土斷，就是義熙八年劉裕主持的一次，宋書敍述這次土斷的情形說：

時民居未一。公表曰：臣聞先王制治，九土攸序，分境劃疆，各安其居，在昔盛世，人無遷業，故井田之制，三代以隆，秦革斯政，漢遂不改，富彊兼并，於是爲弊。然九服弗擾，所託成舊，在漢西京，大遷田景之族，以實關中，即以三輔爲鄉閭，不復係之於齊楚。自永業（嘉之誤）播越，爰託淮海，朝有匡復之算，民懷思本之心，經略之圖，日不暇給，是以寧民綏治，猶有未遑。及至大司馬桓温，以民無治本，傷治爲深，庚戌土斷，以一其業，于時財阜國豐，實由於此。自茲迄今，彌歷年載，畫一之制，漸用頹弛，雜居流寓，閭伍弗修，王化所以未純，民瘼所以猶在。臣荷重任，恥責殊深，自非改調解弦，無以濟治。夫人情滯常，難與慮始，所謂父母之邦以爲桑梓者，誠以生焉終焉，敬愛所託耳。今所居累世，墳壟成行，敬恭之誠，豈不與事而至。請準庚戌土斷之科，庶子本所弘，稍與事著，然後率之以仁義，鼓之以威武，超大江而跨黃河，撫九州而復舊土，則戀本之志，乃速由於當年，在始暫勸，要終所以能易。伏惟陛下垂矜萬民，憐其所失，永懷鴻鴈之詩，思隆中興之業，既委臣以國重，期臣以寧濟，若所啓合允，請付外施行。於是依界土斷，唯徐兗青三州居晉陵者不在斷例，諸流寓郡縣，多被併省。（註三五）

宋梁陳也曾行土斷：

大明元年七月辛未土斷雍州諸僑郡縣。（註三六）

天監元年四月土斷南徐州諸僑郡縣。（註三七）

天嘉元年七月乙卯詔曰：自頃喪亂，編戶播遷，言念餘黎，良可哀惕。其亡鄉失土逐食流移者，今年內隨其適樂，來歲不問僑舊，悉令著籍，同土斷之例。（註三八）

北方遷移的人戶的戶籍名爲白籍，原住人戶的戶籍名爲黃籍，土斷就是將白籍改爲黃籍，使戶籍歸於一律。南齊爲嚴行這種政策，曾引起唐寓之領導白籍人民的叛亂。建元二年虞玩之縷敍劉宋的戶口的弊端，而建議整理戶口，要別置版籍官，置令史，限人一日得數巧，以防懈怠。虞玩之表曰：

宋元嘉二十七年八條取人，孝建元年書籍衆巧之所始也。元嘉中故光祿大夫傅隆年出七十，猶手自書籍，躬加隱校，隆何必有石建之愼，高柔之勤，蓋以世屬休明，服道修身故耳。今陛下日旰忘食，未明求衣，詔逮幽愚，謹陳妄說。古之共治天下，惟良二千石，今欲求治取正，其在勤明令長，凡受籍，縣不加檢合，但封送州，州檢得實，方卻歸縣，吏貪其賂，民肆其奸，奸彌深而卻彌多，賂愈厚而答愈緩。自泰始三年至元徽四年，揚州等九郡四號黃籍共卻七萬一千餘戶，於今十一年矣，而所正者猶未四萬，神州奧區尚或如此，江湘諸部倍不可念。愚謂宜以元嘉二十七年籍爲正，民惰法既久，今建元元年書籍，宜更立明科，一聽首悔，迷而不反，依制必戮，使官長審自檢校，必令明洗，然後上州，永以爲正，若有虛昧，州縣同咎。今戶口多少不減元嘉，而版籍頓闕，弊亦有以，自孝建以來，入勳者衆，其中操干戈衞社稷者三分殆無一焉，勳簿所領而詐注辭籍，浮遊世要，非官長所拘錄，復爲不少。尋蘇峻平後，庾亮就温嶠求勳簿，而嶠不與，以爲陶侃所上多非實錄。尋物之懷物，無世不有，宋末落紐，此巧尤多，又將位既衆，舉卹爲祿，實潤甚微，而人領數萬，如此二條，天下合役之身已據其太半矣。又有改注籍狀，詐入仕流，苦爲人役者今反役人，又生不長髮，便謂爲道，填街溢巷，是處皆然，或抱子并居，竟不編戶，遷徙去來，公違土斷，屬役無滿，流亡不歸，寧喪終身，疾病長臥，法令必行，自然競反。又四鎮戍將，有名實寡，隨才部曲，無辨勇懦，署位借給巫媪比肩，彌山滿海，皆是私役，行貨求位，其塗甚易，募役卑劇，何爲投補，坊吏之所以盡，百里之所以單也。今但使募制明信，滿復有期，民無逕路，則坊可立表而盈矣。爲治不患無制，患在不行，不患不行，患在不久。上省玩之表，納之。乃別置版籍官，置令史，限一人日得數巧以防懈怠。於是貨賂因緣，籍注雖正，猶強推卻，以充程限。（註三九）

南齊政府厲行玩之的辦法，僅僅六年，就引起了唐寓之的叛亂。永明初，就有白賊叛亂的徵候。

永明初，百姓歌曰：白馬向城啼，欲得城邊草。後句間云：陶郎來。白者金色，馬者兵事，三年妖賊唐寓之起，言唐來勞也。（註四〇）

永明四年，唐寓之遂起：

又啓上籍被卻者悉充遠戍，百姓嗟怨，或逃亡避咎。富陽人唐寓之因此聚黨爲亂，鼓行而東，乃於錢塘縣僭號，以新城戍爲僞宮，以錢塘縣爲僞太子宮，置百官皆備。三吳卻籍者奔之，衆至三萬，竊號吳國，僞年號「興平，」其源始於虞玩之，而成於（呂）文度。（註四一）

其實白賊一辭，並不始於南齊，宋元嘉時宋魏彭城的相持，魏李孝伯曾言「亦知有水路，似爲白賊所斷。」又言「今之白賊，亦不異黃巾赤眉。」可知白賊實爲劉宋以降反對著籍的亂民，而整理白籍人民的附籍，也是南朝政府的要政。

（註一）宋書五文帝紀：元嘉二十四年蠲建康秣陵二縣田租半。南齊書二高祖紀：建元元年減二吳義興三郡田租。南齊書三武帝紀：永明三年蠲田租。梁書三武帝紀：大同十年免田租。梁書五六侯景傳也說：「輒責市估及田租。」陳書五宣帝紀：太建六年除田租。宋齊梁陳皆有田租的紀載。

（註二）南齊書六明帝紀：「建武二年丙寅停青州麥租。」按田租納粟，或青州一地以麥納租，故稱麥租。

（註三）宋書七七柳元景傳：「（太祖）時軍糧盡，各餘數日食，元景方督義租，并上驢馬，以爲運糧之計。」此義租或即東晉戶調中的租米。

（註四）租布，屢見於南朝各史。宋書：武帝紀文帝紀孝武紀吳逵傳賈恩會傳，南齊書：高祖紀明帝紀等處皆有紀載。且宋書卷五文帝紀爲「稅布」，卷六孝武紀稱田租布，南齊書一六百官志稱，「起部尚書……領州郡租布。」可知租布係田租與調布之合稱。按租布最初見於三國志太史慈傳注引江表傳言：「近自海昏有上繚壁，有五六千家相結聚作宗伍，惟輸租布於郡耳。」此語係建安四年事，這時曹操新稅制已頒佈，曹操假天子以令諸侯，或這時廬江亦奉行此制歟？曹操戶調田租法的起始年代另具考證。

（註五）三「調」一辭，宋齊梁陳各書皆有，大概是三種以戶作徵收基準的稅，從陳書五宣帝紀「遺餘軍糧祿秩夏調未入者悉原之」推之，三調或卽這三種調。東晉戶調式中有綠米、祿絹，可知南朝的祿秩或秩米爲調的一種，是可能的。

（註六）日人志田不動麿及佐野利一都說晉成帝咸和五年是晉朝開始徵收田租的一年，以前五十年間並未徵收田租。這話是錯誤的。晉朝不僅在頒佈戶調式以前，遵循曹魏的田租與戶調對立的稅制；頒布戶調以後還是這樣。如晉書三武帝紀：「太康三年十二月景申詔四方水旱甚者，無出田租。」「太康四年七月庚寅兗州大水，復其田租。」最明顯的要算惠帝永興二年十二月丁亥詔：「戶調田租三分減一。」志田氏文見史學雜誌四十三卷，一、二期：「晉代ニ於クル土地所有型態ト農業問題。」佐野氏文見世界歷史大系東洋中古史第二篇第一章晉之農業問題。

（註七）晉書食貨志作「除度田收租之制。」通典作「除度定田收租之制。」愚以爲通典之校補，正合情理。度田收稅始於咸和五年，定田收租，則戶調式中之租米也。孝武帝將此兩種稅法合而爲一，自然是把這兩種稅法免除。

（註八）如通考馬端臨言：「按晉制，丁男一人授田七十畝，以畝收三升計之，當口稅二斛一斗，以畝收二升計之，當口稅一斛四斗。今除度定田收租之制，而口稅三斛，增至五石，賦頗重矣。豈所謂王公以下云者，又非泛泛授田之百姓歟？」又兆龢惜抱軒筆記曰：「此說極不分明，讀之大可駭。……然則，此皆言王公以下有田而不供役之人，豈汎及百姓哉。」二人對東晉稅法，皆未能瞭解。

（註九）宋書六孝武紀。

（註一〇）宋書南史與通典皆作郡大田武吏，劉道元著中古時期田賦制度疑爲民吏之誤，頗有道理。但武吏一辭，亦能譯通，可兩從之。

（註一一）宋書九二徐豁傳。

（註一二）梁書一〇蕭穎達傳。

（註一三）南齊書四〇竟陵王子良傳。

（註一四）隋書二四食貨志。

（註一五）南齊書二二豫章文獻王傳。

（註一六）南史十陳本紀下。

（註一七）陳書三世祖紀。

（註一八）南齊書七東昏侯。

（註一九）晉書七〇甘卓傳。

（註二〇）陳書二九宗元饒傳。

（註二一）南齊書二六王敬則傳。

（註二二）宋書八二周郎傳。

（註二三）南齊書四〇竟陵王子良傳。

（註二四）梁書五三良吏列傳序。

(註二五)南齊書二二豫章文獻王傳。

(註二六)梁書二武帝紀。

(註二七)宋書二武帝紀。

(註二八)(註二九)隋書二四食貨志。

(註三〇)宋書九二徐豁傳。

(註三一)宋書一一律志序。

(註三二)晉書八哀帝紀。

(註三三)陳書一武帝紀言:「(陳康)……咸和中土斷,故爲長城人。」可知咸和中曾行土斷。

(註三四)晉書七成帝紀:「咸康六年實編戶,王公以下皆正土斷白籍。」日人志田不動麿氏言:「所謂土斷者,乃東晉末葉以來安定農民之政策,調查戶口,假與一定之土地,使其負一定額課租之制度也。」所謂「假與一定之土地」云者,未免不符實際。按土斷,僅係改編戶籍,與授田無關也。志田氏說,見世界史大系東洋中古史第一篇第一章及第三章。

(註三五)宋書二武帝紀。

(註三六)宋書六孝武紀。

(註三七)梁書二武帝紀。

(註三八)陳書三世祖紀。

（註三九）南齊書三四虞玩之傳。
（註四〇）南齊書一九五行志。
（註四一）南史七七茹法亮傳。

三　北朝租稅制度

（A）北朝租稅制度的特點。

北朝租稅制度，有幾次改變。改變的方向，大半是防止漏稅的手段趨於嚴密，及使其與土地私有的狀況趨於適應。其變易之跡可得而考者，有二：一爲貧富等差的規定，一爲納稅主體的變更。

（1）貧富等差的規定——北朝租稅等差的規定，有兩個重要的階段。一爲九品混通的階段，這時租稅制度是假定納稅人的財產均等。二爲三梟階段，這時雖仍在均田制度之下，卻不以納稅人的財產均等爲前提。五胡的擾亂，中央政府破壞，人民到處流亡，蠻族、流民之互相混殺，使社會極端紊亂，軍人爲軍費的支持，對於土地占有者，無非臨時搜括，足而後止，並無暇作有規律的課稅制度。迨至社會秩序稍稍安定，政府對於土地占有者始定有規則的課稅制度。據史書所載，建興元年石勒始令人民租賦這時納稅的標準，想無暇改革前代的舊規，仍係承襲西晉戶調之法。此種稅法直沿行至元魏，沒有變更。這就是所謂九品混通的稅法。九品混通，是不論人戶的貧富，都課以同等的稅率，所謂「賦稅齊等，無輕重之殊；力役同課，無衆寡之別」是也。（註一）納稅的前提是假定人民領有同量的土地而實際的情形，實與此制相違，即人民領有的土地實際上並不均等。政府爲體恤貧者，便定出三級三等的辦法。三級稅法，是魏太武帝時一種臨時的辦法。

延和三年二月詔曰：今四方順軌，兵革漸寧，宜寬徭賦，與民休息。其令州郡縣隱括貧富以爲三級，其富者稅賦如常，中者復二年，下窮者復三年。刺史守宰當務盡平當，不得阿容以罔政治，明相宣約，咸使聞知。（註二）

這詔書的效力，只限延和三年以後三個年頭，並非永久之制。三等制是獻文帝定的制度。史載：

山東之民，咸勤於征戍轉運，帝深以爲念。遂因民貧富爲租輸三等九品之制，千里內納粟，千里外納米，上三品戶入京師，中三品入他州要倉，下三品入本州。（註三）

但是三等九品的制度，只規定三等戶輸稅地點的遠近，沒有規定稅額的差別，仍不脫九品混通的範圍，不過我們如果注意到輸送地點與運輸費用的關係，也就可以知道他是稍稍優待貧下戶了。太和九年既頒佈均田令十年又頒佈賦稅令在均田制下的平均的賦稅自無負擔輕重的差別。可是均田制度之易於破壞使均田制下的租稅實際上仍不平均。所以在河清三年均田法令之下，納稅規定仍不得不加以分別，以求符合於實際狀況。河清三年令定：

墾租皆依貧富爲三梟。其賦稅，常調則少者直出上戶，中者及中戶，多者及三戶。上梟輸遠處，中梟輸次遠下梟輸當州倉三年一校焉。（註四）

三梟制規定輸稅地點的遠近，與三等制相同，規定徵稅不足則先出上戶，則較三等制爲進步。但是這種稅法的前提，仍是人民領有同量的土地，正常徵收的仍是同量的稅額。所以，九品混通及三梟制中雖略有等差的規定，而同量的負擔，卻是整個北朝相沿不變的正規稅率。

（2）納稅主體的變更——曹魏到隋，納稅主體有兩次變更。曹魏至太和九年是以戶爲單位的徵稅：如曹操之戶絹二疋綿二斤；晉武帝之戶調絹三疋綿三斤；北魏延興三年詔河南六州之民戶收絹一疋租三十石；太和八年詔戶調帛二匹，都是以戶爲徵稅單位。太和九年均田以後至隋，是以一夫一婦（或稱牀、室）爲單位的徵稅：如太和十年令其民調一夫一婦帛一匹粟二石；河淸三年令率人一牀調絹一匹綿八兩；後周太祖作相時創制，有室者歲不過絹一匹粟五斗；隋之制丁男一牀租粟二石：都是以一夫一婦爲徵稅的單位。西晉的單位「戶」與均田法下課稅的單位「一夫一婦」「牀」及「室」，實際上雖都是夫婦二人但在名義上卻是兩樣的。因爲名義的不同，我們曾看見幾種不同的逃稅法。因爲逃稅方法的不同，使我們想到「戶」與「一夫一婦」兩辭在應用上有些差異。我們看在「戶」的名義下，人民逃稅的方法，是儘量的使戶下的口數加多，如晉書載記慕容德傳所說「百姓因秦晉之弊迭相蔭冒或百室合戶或千丁共籍」；魏書李沖傳所說「五十家三十家方爲一戶」。一戶的口數愈多，則其納稅的分擔愈輕。從戶下加口這一點很可看出太和十年前後稅制之不同。前者是「戶」調，後者是「一夫一婦」或「牀調」「室調」「牀調」制度（不妨如此說，卽一夫一婦之意）是比「戶調」更進步更緻密的稅制。隨着稅制的進步，人民逃稅的方法也進步了，逃稅的方法，不再是加多戶下的口數而卻是隱避妻子。按「牀調」制下，單丁者半輸，故結婚的人也想隱避妻子而納單丁的稅。史稱：

> 舊制，未娶者輸半牀租調。陽翟一郡，戶至數萬，籍多無妻。（註五）

到唐朝，稅法來得更加嚴密，納稅單位不以戶不以牀，不管你戶下有幾口，不管你有無妻子，只是按「丁」課你多少稅。按丁課稅，除去一般的「出縮老小妄注死失」的逃稅方法外，實沒有其他好的方法。這是北朝租稅制度愈來愈密的鮮明史實，並非老是沿襲西晉的戶調制度沒有變更。

(B)租稅制度概述

北朝的租稅制度還是承襲魏晉戶調與田租對立的制度，在魏書孝文帝前後各本紀中，都曾看到「田租」的字樣。（註六）不過田租的數目，仍如在南朝一樣，沒有明確的記載遺留。戶調之制，頗爲明確，此外尙有各種雜稅，玆分述如下：

(1)戶調——石勒於建興元年卽定戶調之制：

> 勒以幽冀漸平，始下州郡閱實人戶，戶貲二匹，租二斤。（註七）

北魏初期亦爲戶調制度：

先是天下以九品混通，戶調帛二匹，絮二斤，絲一斤，粟二十石，又入帛一匹二丈委之州庫，以供調外之費。（註八）

太和八年又戶增帛三匹，粟二石九斗，作爲百官的俸祿。太和九年既行均田，太和十年乃依李沖之奏，頒行稅制。其民調，一夫一婦帛一匹，粟二石。此外，其麻布之鄉，一夫一婦布一匹。「大率十匹爲工調，二匹爲調外費，三匹爲內外百官俸。」未成年者與奴婢耕牛納稅的比例是：

十五以上未娶者四人出一夫一婦之調，奴任耕婢任織者八口當未娶者四，耕牛二十頭當奴婢八。

就是良人十五以上未娶者四人，奴婢八人，耕牛二十頭納成丁一夫一婦之稅，其比例爲二：四：八：二十。

北齊河淸三年令：

率人一牀，調絹一匹，綿八兩。凡十斤綿中折一斤作絲。墾租二石，義租五斗，奴婢各準良人之半。牛調二尺，墾租一斗，義租五升。（註九）

所謂「人一牀」就是夫婦二人。奴婢是論口的，「各準良人之半，」那是奴婢一口納良人一牀的半稅，就是納一個單丁的稅。對奴婢的徵稅顯然是加重了。按太和十年規定，奴婢一口納良丁一口四分之一的稅，北齊北周與隋，奴婢納稅皆與良丁相等，其稅率增加四倍。牛的納稅仍能維持以往的成例，稅率當良丁的十分之一，唯增加義租五升。

西魏宇文泰作相時創制：

司賦掌功賦之政令，有室者歲不過絹一匹綿八兩粟五斛，丁者半之。其非桑土，有室者布一匹麻十斤，丁者又半之。(註一〇)

這與河清定令比較，絹綿數相同，惟粟數加一倍。

(2)雜稅——北朝雜稅，有雜調十五，關市邸店之稅，鹽鐵稅，酒稅等項。(註一二)北魏初年，即有雜調十五之稅。

與安二年詔與民雜調十五。(註一一)

先是泰安中，高宗以常賦之外，雜調十五，頗爲煩重，將與除之。尙書毛仲仁曰：「此是軍國資用令頓罷之，以臣愚以爲不可。」帝曰：「使地力無窮，民力不竭，百姓有餘，余孰與不足？」遂免之。未幾復調如前，至是乃終罷焉。（註一二）

此稅大概始自興安二年，獻文以和平六年五月即位罷之，爲時十二年。（參看冊府元龜四八七賦稅）

北朝皆有關市邸店之稅，如：

（姚）興以國用不足，增關津之稅，鹽竹山木皆有賦焉。（註一三）

（北魏）孝昌二年稅市入者人一錢，其店又爲五等收稅有差。（註一四）

武平六年閏八月辛巳詔以軍國資用不足，稅關市舟車山澤鹽鐵店肆，輕重各有差，開酒禁。（註一五）

武平之後，權幸並進，賜與無限，加之旱蝗，國用轉屈。乃料境內六等富人，調令出錢。而給事黃門侍郎顏之推奏請立關市邸店之稅，於是以其所入以供御府聲色之費，軍國之用不豫焉。未幾而亡。（註一六）

北周時有乍與乍罷之詔，而史無明文，難定此稅之有無；若以隋開皇元年之罷關市稅言之，想北周亦有此稅。

北周有鹽鐵稅：

先是尙依周末之弊，官置酒坊收利，鹽池鹽井皆禁百姓採用。至是罷酒坊通鹽池鹽井，與百姓共之。遠近大悅。（註一七）

普泰元年罷稅市及稅鹽之官。（註一八）

北魏太和以前，有貲賦：

天興元年詔大軍所經州郡，復貲租一年。（註一九）

太興元年十二月詔曰：若有發調，縣宰集鄉邑三老計貲定課，裒多益寡，九品混通，不得縱富督貧，避強侵弱。太守覈檢能否，覈其殿最。（註二〇）

太平眞君四年詔復人貲賦三年。（註二一）

此外州郡雜稅，河北尙有役丁：

（除河北郡守：）此郡舊制，有漁獵戶三十八以供郡守，俠曰：以口腹役人吾所不爲也，乃悉罷之。又有丁三十人供郡守役使，俠亦不以入私，並收庸直，爲官市馬，歲月既積，馬遂成羣，去職之日，一無所取。民歌之曰：肥鮮不食，丁庸不取，裴公貞惠，爲世規矩。（註二二）

（註一至註三）魏書一一〇食貨志。

（註四至註五）隋書二四食貨志。

（註六）如魏書四世祖紀：太平眞君四年六月詔：「今復民貲賦三年，其田租歲輸如常。」魏書七高祖紀：「太和十年十二月乙酉詔以汝南潁川大飢，丐民田租。」「太和二十二年十月復民田租一歲。」又魏書一一〇食貨志「孝昌二年終稅京師田租畝五升，借債公田者一斗。」又可作爲北朝地稅額的概量。

（註七）晉書載記石勒傳。

（註八）見魏書一一〇食貨志。魏書三一于忠傳言：「舊制，天下之民絹布一匹之外，各輸綿麻八兩。」所謂舊制，係指太和以前制。不知此言確作何解？若以爲民一戶之稅，適較食貨志所言輕一半，若以爲納絹一疋，並附帶納綿麻各八兩，則適與此制符合。玆並誌之。

（註九）（註一〇）隋書二四食貨志。

（註一一）隋書食貨志云：「（文宣受禪）始立九等之戶，富者稅其錢，貧者役其力。」這好像是戶稅，但以材料缺乏，不敢臆斷。茲誌於此。

(註一一)魏書五高宗紀。

(註一二)魏書一一〇食貨志。

(註一三)晉書載記一一八姚興傳下。

(註一四)魏書一一〇食貨志。

(註一五)北齊書八後主紀。

(註一六)(註一七)隋書二四食貨志。

(註一八)北史齊本紀。

(註一九)魏書二太祖紀。

(註二〇)(註二一)魏書四世祖紀。

(註二二)周書三五裴俠傳。

四　稅物與折納

歷代稅物，不外現物與貨幣兩項，兩漢田租之三十稅一，或十五稅一，大半是取土地所出的粟米。算賦戶賦都是收錢。漢桓帝的畝稅十錢，或者可以作爲地稅徵收錢幣的濫觴。魏晉以降，布絹綿加入租稅的範圍，作爲戶調一項的稅物，有時地稅也折收布。我們考察南北朝的稅物，仍不外以上各項。南齊書蕭子良傳曾說：「尺布之逋，曲以當匹，百錢餘稅，且增爲千。」徐孝穆集也曾說：「寸絹不輸官庫，升米不進公倉。」周書蘇綽傳也說：「絹鄉先事織紝，麻土早修紡績。」可知這時候的稅物，仍不外農產品布絹及錢幣等類。田租、按當時的法令是應當納農產品的，以上所引曹操的法令「田租畝粟四升。」東晉的法令「其田畝稅二升。」陳宣帝的詔令：「六年七年逋租田米粟。」及宋的青州麥租，可知田租不外徵收粟米麥等農產品。戶調是收取絹、綿、或布。曹操的法令是戶調絹二匹綿二斤，西晉戶調絹三匹三斤，東晉戶調布絹各二丈，絲三兩，綿八兩。

在宋：

齋庫上絹，年調鉅萬匹，綿亦稱此。（註一）

在陳是：

夏調綿絹絲布麥等，五年迄七年逋貲絹，悉皆原之。（註二）

北魏是一夫一婦帛一匹粟二石。北齊是人一牀調絹一匹綿八兩，周隋亦不外絹布。可知戶調，不外綿絹布絲等絲麻工業品。此外麥有時也可以充爲調物。其餘雜稅，沒有一完的稅物，大體以徵錢爲多。口錢顧名思義，就可以知道是徵錢的。此外塘丁、市估、埭稅也是徵錢的。

常規的各種稅物是這樣的，有時因爲增加財政的收入或爲減輕人民納稅的困難，也有折收他物的，晉令曾定：

其上黨及平陽，輸上麻二十二斤，下麻三十六斤，當絹一匹。（註三）

這是以麻代絹。宋孝武帝詔：

大明七年十一月壬寅，聽受雜物當租。（註四）

這是以雜物充米粟。南齊豫章文獻王在荆州：

以穀過賤，聽民以米當口錢，優評斛一百。（註五）

這是以米代錢。最重要的要算永明四年的「詔折租布二分取錢。」（註六）一年以後錢帛兼半，從此不見再變。或者經歷梁陳，都是這樣辦法。這是粟米與布絹的折錢。北朝沒有折納的規定，唯河清三年令規定：「欲輸錢者準上絹輸錢。」不知此令是否實行。大抵，北朝還保持着現物租稅。

（註一）宋書八二沈懷文傳。

（註二）陳書五宣帝紀。

（註三）全晉文一四五。

（註四）宋書六孝武紀。

（註五）南齊書二二豫章文獻王傳。

（註六）南齊書四〇竟陵王子良傳記爲租布，武帝紀則記爲戶租。考南朝稅制似無戶租一項，疑爲租布之誤。又武帝紀言「三分二取見布，一分取錢，」又爲二分取錢一分取布之誤，證以下文「來歲以後，遠近諸州輸錢並減布直匹準四百，依舊折半以爲永制。」更爲明瞭。原文錄下：「永明四年五月癸巳詔揚南徐二州今年戶租三分二取見布，一分取錢，來歲以後，遠近諸州輸錢處並減布直匹準四百，依舊折半，以爲永制。」

第四章　商業交通與工業

一　魏晉商業的追溯

秦漢時代生長發育的商業，隨東漢末年的兵荒，驟然衰退下去。黃巾亂後，中原數十年的擾攘，雖不能說由貨幣經濟逆轉爲自然經濟，但是商工業的凋敝，卻是不可否認的事實。魏吳蜀的鼎立，各區域內得到一時的安定，各國的商業都慢慢繁榮起來。三國間的自由通商，是比較困難的，官方的交易，看史上的記錄並不在少數。這是因爲政治的割據，影響商業交通的阻滯。

晉武帝統一中國以後，我們再看到商業的擡頭，以往三國貿易的政治阻礙的消除，使三地的商業自然會通起來。西晉作荆州刺使的石崇，曾「百道營生，積財如山。」（註一）潘岳上客舍議把當時商業繁盛的情形，寫得也很透徹：

今乃四海會同，九服納貢八方翼翼，公私滿路，近畿輻輳，客舍亦滿，冬有溫廬，夏有涼陰，芻秣成行，器用取給。疲牛必投，乘涼近進，發楅寫鞍，皆有所聒。（註二）

（註一）初學記一八引王隱晉書。

（註二）晉書五五潘岳傳。

二　南北兩朝商業交通的考察

西晉時代再發展起來的商業，經五胡的擾亂，又受了一次打擊。從此政治上形成南北的分裂，政治的分裂使南北兩地的商路阻隔。我們總看南北朝通商的情況，大體上，正常的交易是不存在的，淮泗一路尤其如此。兩方面所發生的商業關係，不外是政府特遣的貢使的交市及商人的祕密往來。淮泗的附近區域，是南北兩朝交戰的要衝，爲防備敵國的驟然的襲擊，平時的禁防比較嚴密。商賈的往來，亦立爲禁條。史載：

舊制以淮禁，不聽商賈輒渡淮。（註一）

（崔季舒）出爲齊州刺史，坐遣人渡淮互市，爲御史所劾。（註二）

這種禁條，大概在南北朝全期都存在的。漢水流域的附近區域，在軍事上不是很嚴重的地帶，恐怕禁防也比較鬆懈。禁防雖不嚴峻，但自由通商亦不可能。兩國交界的情形，據魏豫州刺史若庫辰樹蘭的露佈說：

僕以不德，荷國榮寵，受任邊州，經理民物，宣播政化，鷹揚萬里，雖盡節奉命，未能令上化下布而下情上達也。比者以來，邊民擾動，互有反逆，無復爲害，自取誅夷。死亡之餘，雉菟逃竄，南入宋界，聚合逆黨，頻爲寇掠，殺害良民，掠取資財，大爲民患。此之界局，與彼通連，兩民之居，煙火相接，來往不絕，情僞煩興。是以南奸北入，北奸南叛，以類推之，日月彌甚，奸宄之人，數得侵盜之利，雖加重法，不可禁止。僕常申令境局，料其奸源，而彼國牧守，縱不禁御，是以遂至滋蔓，寇擾疆埸，譬猶蚤虱疥癬，雖爲小痾，令人終歲不安。當今上國和通，南北好合，惟邊境民庶，要約不明，自古列國，封疆有畔，各自禁斷，無復相侵，如是可以保之長久，垂之永世。故上表台閣，馳書明曉，自今以後，魏宋兩境，宜使人迹不過，自非聘使行人，無得南北。邊境之民，煙火相望，雞狗之聲相聞，而

老死不相往來，不亦善乎。又能此亡彼歸，彼亡此致，則自我國家所望於仁者之邦也。（元嘉二十五年）（註三）

兩國的疆界，煙火相接，來往不絕，交易的關係當然是不能沒有的。但是因爲南奸北入，北奸南叛，寇掠擾亂的情形也是不能免的，所以負責的疆吏就希望煙火相望雞犬之聲相聞的地域，人迹不過，老死不相往來，這樣情形之下，要說有什麼密切的商業交通，恐怕是不可能的吧！南齊書曾說道：

義熙二年，諸葛長民爲青州，徙山陽。時鮮卑接境，長民表云：此蕃十載，釁故相襲，城池崩毀，荒舊散伏，邊疆諸戍，不聞雞犬，且牛羊侵暴，抄掠滋甚，乃還鎭京口。——晉末以廣陵控接三齊，故青兗同鎭。（註四）

在這種情形之下，是不允許自由通商的，但是私下的或特許的通商，則是不能避免的事實。石勒與祖逖的通商，北魏與南朝守邊將吏的通商，都可證明將吏通商的事實。（註五）

南北通商的大路，大概有五個，極東的是淮水泗水貫通鄴，山陽與彭城廣陵的大陸。往西是潁水汝水，通達壽春的大路。再西是沿漢水貫通漢中南陽與荆郢的大路。極西是巴蜀通關中的路。此外就算是海道了。沿各水的商道，大半都是水陸並進，陸路沿着水路，原是有許多方便的。在這五條道上，除淮泗汝潁因爲軍事攻守的要衝，禁防比較嚴厲，商業交通不甚頻繁外，其他兩路的交通或者比較方便。（註六）無防禦的海道，除去受造船及航行技術的限制以外，交通當然是自由的了！（註七）

至於貢使的往還，隨兩國的國交關係而定其密疎。南北的互派大使，除去誇示國威表揚人才以外，互市特產頗佔重要的地位。南方的珠寶，北方的名馬，是兩方所互相需求的；南方的女口，更是北方雅士所愛求的一種商品。除去這種特殊的交易事例以外，私下的小規模的商業往還，或不能全無；但是證以南北特產在兩方的缺乏，私下的交易也許不多。庾子山的忽見檳榔詩的標題，就表現出檳榔在北朝的缺乏，（註八）魏太武帝與宋在彭城相持，以甘蔗甘橘貂裘蒲萄的互贈，也可表示南北特產在兩方的缺少。（註九）因爲南北商業往還的稀少，所以才有故意誇示外邦商品價賤的舉動。魏書李安世傳曾敍述北魏政府在南朝使臣到時，故意把珠玉價格減低的故事，頗爲有趣：

國家有江南使至，多出藏內珍物，令都下富室好容服者貨之，令使任情交易。使至金玉肆問價，緯曰：「北方金玉大賤，當是山川所出。」安世曰：「聖朝不貴金玉，所以賤同瓦礫，又皇上德通神明，山不愛寶，故無川無金，無山無玉。」緯初將大市，得安世言慚而罷。（註一〇）

從這裏，我們可以得到一個概括的結論，就是南北的商業交通，不能說是沒有，也不能說是繁盛。

南北的通商，雖然比較冷落，南北兩朝在國內的商業卻都很活潑，尤其是未經破壞的南朝。普通時郭祖深上封事說：

今商旅轉繁，游食轉衆，畊夫日少，杼軸日空。（註一一）

因為商業交通繁密的關係，在主要交通街道的傍邊產生了一些富家。如梁書曹景宗傳所說：

景宗軍士皆桀黠無賴，御道左右莫非富室，抄掠財物，略奪子女，景宗不能禁。（註一二）

建康江陵成都廣州京口廣陵都是重要的都市。（註一三）

建康是政治中心的都城，又是傍長江下流的大埠，北接軍事要區的淮海，四通八達，商業特顯興盛。以元興三年二月的一次風災作例說，就有「貢使商旅，方舟萬計，漂敗流斷，骸胔相望」那樣的大損失。(註一四)沿秦淮河的兩岸有不少的市鎮，通典就說：「淮水北有大市自餘小市十餘所。」(註一五)到了隋朝也還是「市廛列肆，埒於二京。」

廣州是海外貿易及南口買賣的中心。(註一六)成都是買賣川馬蜀錦的中心。(註一七)壽春在淮泗汝潁交錯的區域，是南北交通咽喉軍事攻守的要地，漢書所稱「受南北湖皮革鮑木之輸，亦一都會也」的盛況，直到陳代還能維持。(註一八)在東晉的時候，淮泗流域雖爲戰區，而伏滔正淮論描寫壽陽南引荊汝之利，東連三吳之富，北接梁宋，平塗不過七百；西援陳許，水路不出千里。位置的便利，實扼南北交通的衝要。(註一九)京口是南朝豪族大吏的「產生地」(註二〇)又屢爲爭奪政權者的根據地，牠的繁榮當在意料之中。荊州包括湘沅，民戶境域幾半天下，爲南朝的野心家反抗政府的根據地。南齊書稱荊州物產，雍嶓交梁之會。(註二一)江陵自亦爲都市之一。

南朝商業的繁榮，承接前代，實未減色，商稅的收入，成爲政府財政的重要源泉。(註二二)所以政府獎勵商業的法令，頗爲繁多。從東晉到陳，我們常常看到君主優待商人的詔令。(註二三)這些法令的規定，不外減低市稅，停除通過稅及準商旅帶仗自防。如：

永初元年七月詔：又以市稅繁苦，優量減降。(註二四)

大明八年春正月甲戌詔：東境去歲不稔，宜廣商貨，遠近販鬻米（南史米下有粟字）者，可停道中雜稅。其以仗自防，悉勿禁。(註二五)

建武元年十月詔曰：頃守職之吏，多違舊典，存私害公，實興民蠹。今商旅稅石頭後渚及夫鹵借倩，一皆停息。所在凡厥分宜，可即符斷，主曹詳爲其制，憲司明加聽察。(註二六)

大同十一年三月庚辰詔曰：凡遠近分置，內外條流，四方所立屯傳邸冶，市埭桁渡，津稅田園，新舊守宰，遊軍戍邏，有不便於民者，尙書州郡各速條上，當隨言除省，以舒民患。(註二七)

太建十一年十二月己巳詔：今貴里豪家，金鋪玉舄，貧居陋巷，彘食牛衣，稱物平施，何其遼遠？爟烽未息，役賦兼勞，文吏奸貪，妄動科格，重以旗亭關市，稅斂繁多，不廣都內之錢，非供水衡之費，逼遏商賈，營謀私蓄。靖懷衆弊，宜事改張，弗弘王道，安拯民蠹。今可宣勒主衣尙方諸堂署等，自非軍國資需，不得繕造衆物。後宮僚列，若有游長掖庭，啓奏卽皆量遣。太子祕戲，非理會經；

樂府倡優，不合推正並可删改。市估津稅，軍令規章，更須詳定，惟務平允……(註二八)

在這樣法令的獎勵之下，商品交易自然會相應的繁榮起來。

北朝商業在五胡十六國的開頭頗爲凋敝，不過政治趨於統一，戰爭漸漸減少的時候，商業的發展就欣欣向榮。苻堅時富商趙掇丁妃鄒瓫等都家累千金，諸公競引之爲國二卿。(註二九)商人勢力之大，即可反映商業發展的情況。北魏的開始，史稱爲錢貨無所周流，而至孝文以後，社會的安定，人民的樂業，又刺激商業的發展。如洛陽伽藍記描寫洛陽大市周迴八里，國境之內，商人的足跡無所不至：

出西陽門外四里御道南有洛陽大市，周迴八里。……市東有通商達貨二里，里內之人盡皆工巧屠販爲生，資財巨萬。有劉寶者最爲富室，州郡都會之處，皆立一宅，養馬一匹，至於鹽粟貴賤，市價高下，所在一例，舟車所通，足跡所履，莫不商販焉。是以海內之貨，咸萃其庭，產匹銅山，家藏金穴，宅宇踰制，樓觀出雲，車馬服飾，擬於王者。

市西有退酤治觴二里，里內之人多釀酒爲業。河東人劉白墮善能釀酒，季夏六月時暑赫晞以罌貯酒曝於日中，經一旬其酒不動，飲之香美，醉而經月不醒。京師朝貴多出郡登藩，遠相餉饋，踰於千里，以其遠至，號曰鶴觴，亦名騎驢酒。

市南有調青樂律二里，里內之人絲竹謳歌，天下妙伎出焉。……

市北有慈孝奉終二里，里內之人以賣棺椁爲業，賃輀車爲事。

（洛陽大市附近）別有準財金肆二里，富人在焉。凡四十里，多諸工商貨殖之民，千金比屋，層樓對出，重門啓扇，閣道交通，迭相臨望。金銀錦繡，奴婢緹衣，五味八珍，僕隸畢口。神龜中以工商上僭，議不聽衣金銀錦繡，雖立此制，竟不施行。(註三〇)

像劉寶那樣的商人，算得是大商吧！北齊北周承接北魏，商業的興盛仍繼續發展。北齊的州縣諸司多出富商大賈，(註三一)諸王之選用府僚，也是多用富商。(註三二)政府屢下賤商的令文，對商人勢力的發展卻毫無損失。這也是晁錯所說的「法律賤商人而商人已富貴矣」的境況。

北朝的內國都市，除去洛陽是首屈一指者外，鄴，長安仍不失其以往的重要地位。及至北朝的後期，汴州算是一個新興的都市。(註三三)鄴是曹魏後趙北齊的首都，商業的茂盛，僅亞於洛陽。長安自赤眉亂後，不論政治與經濟的地位都是每況愈下，秦漢時的繁榮，在隋唐以前六百年間未曾恢復。但關中保有肥沃的土地交錯的河流，又是西北兩方胡商貿易的咽喉，一遇良機，不愁沒有發展的希望。經過苻秦與北周的建都，比較以往的情況總算好得多了。苻堅時，自長安至於諸州，皆夾路樹槐柳，二十里一亭，四十里一驛，旅行者取給於途，工商貿販於道。百姓歌曰：「長安大街，夾樹楊槐，下走朱輪，上有鸞栖，英彥雲集，誨我萌黎。」（註三四）北周庾信描寫關中的繁榮，雖不免文人的誇大，但多少有其實在性。他說：

周保定二年，歲次壬午，七月己巳朔，大冢宰晉國公，命鑿石關之谷，下南山之材。維公匡濟彝倫，弘敷庶績，燮理餘暇，披閱山經，以為終南敦物，日月虧蔽，杶幹栝柏，椅桐梓漆，年代蘊積，於何不有。乃謀山澤之官，兼引衡虞之匠，東出藍田，則控灞乘滻；西連子午，則據涇浮渭。派別八溪，流分九谷。銅粱四柱，石關雙啓。青綺春門，溝渠交映，綠槐秋市，舟檝相通。蓄之則為屯雲，泄之則為行雨。青牛文梓，白鶴貞松，運以寘宮，崇斯雲屋。千櫨抗殿，龍首干雲，萬坎疏田，蟬鳴再熟。川后讓德，山靈景從。豈如運石甘泉，纔通櫟陽之殿；穿渠穀水，直繞金墉之城。將事未勞，為功實重。國

富人殷，方傳千載。因功立事，敢勒山阿。(註三五)

總論南北朝時代的商業狀況，雖不能說是多麼繁盛，但也不是多麼原始。今日的社會史家，或者把這一期的商業地位看得太微小了，以至於認作是黑暗時代，認作是貨幣經濟向自然經濟的逆轉，未免有點失之過火！反之又有人因為看見這時代商業的繼續滋長，便抹殺這時期社會構造的特質，也未見得正確吧！

(註一)北史四六蘇瓊傳。

(註二)北齊書三九崔季舒傳。

(註三)宋書九五索虜傳。

(註四)南齊書一二州郡志上南兗州。

(註五)晉書六二祖逖傳「石勒因與逖書求通使交市，逖不報書而聽互市，收利十倍。於是公私豐贍，士馬日滋。」時逖在黃河南封丘一帶。魏書二四崔寬傳「弘農出漆蠟竹木之饒，路與南通，販貿來往，家產豐富。」北史袁翻傳「(宣武時，南邊戍兵情況)自比緣邊州郡，官至便登，疆場統戍，階當即用，或逢穢德凡人，或遇貪家惡子，不識字人溫卹之方，惟知重役殘忍之法，廣開戍邏，多置帥領，或用其左右姻親，或受人財貨請屬，皆無防寇禦賊之心，唯有通商聚斂之意。其勇力之兵，驅令抄掠，若遇強敵，即為奴虜，如有執獲，奪為己富。其羸弱老小之輩，衒解金鐵之工，少閑草木之作，無不搜營窮壘，苦役百端。自餘或伐木高山，或芸草平陸，販貨往還，相望道路，此等祿既不多，資亦有限，皆收其實絹，給其虛粟，窮其力，薄其衣，用其工，節其食，綿冬歷夏，加之疾苦，死於溝瀆者常十七八焉。」陳書八侯安都傳，陳宣帝述侯安都罪狀說：「寄以徐蕃，接鄰齊境，貿遷禁貨，鬻賣居民，椎埋發掘，毒流泉壤……」都是南北將吏通商之證。

（註六）苻菁就在漢水的上流立荊州以招徠商賈。見晉書一一二苻雄傳。

（註七）遼東慕容廆與東晉的通使就從海通，江南的桑樹曾移植於遼東。見晉書慕容寶傳。

（註八）庾子山集六。

（註九）宋書五九張暢傳。

（註一〇）魏書五三李安世傳。

（註一一）南史七十郭祖深傳。

（註一二）梁書九曹景宗傳。

（註一三）山陰民戶殷實，號稱三萬戶，當亦為一大都市。見宋書八一顧覬之傳，九一江秉之傳。

（註一四）宋書三三五行志。

（註一五）通典十一雜稅。隋書二四食貨志作「淮水北有大市百餘，小市十餘所。」「百」字係「自」字之誤。宮苑記及景定建康志皆同通典。

（註一六）南齊書三二王琨傳：「南土沃實，在任者常致巨富。世云：廣州刺史但經城門一過，便得三千萬也。」南齊書一四州郡志上：「廣州鎮南海，濱防海隅，委輸交部，雖民戶不多，而狸獠猥雜，皆樓居山險，不肯賓服。西南二江，川源深遠，別置督護專征討之，捲握之資，富兼十世，尉他餘基，亦有霸迹。」

（註一七）南齊書一五州郡志：「泰始中，成都市橋忽生小洲，始康人邵碩有術數，見之曰：洲生近市，當有貴王臨境。永明二年而始興王鎭爲刺史。州土瓌富，西方之一都焉。」又宋書四五劉粹傳言：「遠方商人多至蜀土，資貨或有值數百萬者。」可見四川商業的繁榮。

（註一八）陳書九吳明徹傳言「壽春者，古之都會，襟帶淮汝，控引河海，得之者安，是稱要害。」

（註一九）晉書九二伏滔傳。

（註二〇）燕京學報第十五期譚其驤晉永嘉亂後之民族遷移統計南史列傳中的人物凡七百二十八人（后妃，宗室，孝義等列傳不計）籍隸南方的二百二十二人，其中籍屬京口者，頗不在少數。南齊書一四州郡志上：「南徐州鎮京口，吳置幽州牧，屯兵在焉。丹徒水道入通吳會，孫權初鎭之。爾雅曰，絕高爲京。今京城因山爲壘，望海臨江，緣江爲境，似河內部。內鎭優重，宋氏以來，桑梓帝宅，江左流寓，多出膏腴。」梁書四一蕭洽傳「（天監初）出爲南徐州治中。既近畿重鎭，吏數千人，前後居之者皆致巨富，洽爲之淸身率職，饋遺一無所受。」

（註二一）南齊書二五張敬兒傳。

（註二二）宋書九後廢帝紀：「元徽四年五月乙未詔：天府虛散，垂三十年，江荊諸州稅調本少，自頃以來，軍募多乏，其穀帛所入，折共文武，豫兗司徐開口待哺，西北戎將裸身求衣，委輸京都，蓋爲寡薄，天府所資，唯有淮海，民荒財單，不及曩日，而國度引費，四倍元嘉，二衞台坊人力五不餘一，都水材官朽散十不兩存，備豫都庫材竹俱進，東西兩堨，磚瓦雙匱，敕令給賜，悉仰交市。」

（註二三）獎勵商業法令除以上所列者，尙見宋書五文帝紀，南齊書二二豫章文獻王傳，四鬱林王紀。

（註二四）宋書三武帝紀。

（註二五）宋書六孝武紀。

（註二六）南齊書六明帝紀。

（註二七）梁書三武帝紀下。

（註二八）陳書五宣帝紀。

（註二九）晉書一一三苻堅傳。

（註三〇）並見洛陽伽藍記卷四。

（註三一）北齊書八幼主紀。

（註三二）北齊書十襄城景王淯傳。

（註三三）隋書五六令狐熙傳。

（註三四）晉書一一三苻堅傳。

（註三五）庾子山集一二終南山義谷銘并序。

三　商業的組織及關津的性質

商品交易的地點是市。這時也有草市存在，（註一）但主要的交易地點還是市。市多半設在城池寺廟軍營及交通要道的附近。潘璋兵馬不過數千，而所在常如萬人，即可知軍營吸收商賈引力之大。經營同類商貨的商人依法令的規定，應住在同一處所，所謂「鐵市銅街」就足以指示同類商賈的相聚。店肆的錯亂，爲法令所不許，看王彪之整市教即可曉得：

古人同市朝者，豈不以衆之所歸，宜必去行物。近檢校山陰市，多不如法，或店肆錯亂，或商估沒漏，假冒豪彊之名，擁護貿易之利，凌踐平弱之人，專固要害之處，屬城承寬，亦皆如之。（註二）

此條所應注意的是「店肆錯亂」及「專固要害」兩句話，這兩句話的意義，是商賈不立店肆於政府指定的商業區而任立店肆於繁華街道，交通要路，或立店肆於能防禦劫掠之要害。這便是擁護貿易之利，凌踐平弱之人了。市的位置，是可以依政府的命令移徙的。庾子山的答移市教就不贊成將市移出城外遼遠的地方：

昔張楷碩儒，尙移弘農之市。宜官妙篆，猶致酒壚之客。況復德總郇周，聲高梁楚。希風慕義之士，舉袂成帷，臥轍反車之流，摩肩相接，遂使王充閱市之處，遠出荒郊；石苞販鐵之所，翻臨崖岸。聖德謙虛，未忘諠湫，欲合吹簫舞鶴，還反舊廛，賣卜屠羊，請辭新闠，而交貿之黨，好留幽岐之衆難遣。（註三）

市有市令或市丞市魁。市魁之職，執罰爭者，就市令決判。（註四）市令負責收取市估，如陸法和：

部曲數千人通呼爲弟子，惟以道術爲化，不以法獄加人。又列肆之內，不立市丞，牧佐之法，無人領受。但以空檻籥在道間，上開一孔以受錢。賈客店人隨貨多少計其估限，自委檻中。行掌之司夕方開取，條其孔目，輸之於庫。（梁元帝以之爲郢州刺使）（註五）

市中有店鋪有邸閣。邸閣爲屯積貨物的地方，如同現代各商埠的堆棧。店鋪邸閣大抵都向街開門，如：

呂僧珍……世居廣陵，起寒賤。……姊適于氏，住在市西小屋臨路，與列肆雜處。（註六）

隋書令狐熙傳稱「抑工商民有向街開門者杜之，」李諤傳亦稱「臨道店舍乃求利之徒，」

可見店鋪爲營業方便起見，多臨道設立。但店舍設立的地點，亦或有例外。南齊劉休之在宅後開小店，不知劉休之宅是否近市。（註七）交易地點，亦不僅限於市，渡口車站也能成爲暫時買賣之所。（註八）

商品的交易，皆有文券，有質券與賣券的分別。買賣價格書於券上，收贖歸還，皆以券爲據，所謂「悉燔券書，一不收責。」（註九）「吾市徐樞宅，爲錢四萬，任人市估，文券歷然。」（註一〇）買賣奴婢馬牛田宅，皆有文券，收買木材亦有券：

市令盛馥進數百口材助營宅，恐人知，作虛買券。（註一一）質錢有帖：

檢家赤貧，惟有質錢帖子數百。（註一二）

質券與賣券不同：

揚州主簿顧測以兩奴就鮮質錢。鮮死，子暉誣爲賣券。澄爲中丞，測與書相往反，後又牋與太守蕭緬云：「澄欲遂子弟之非，未近義方之訓，此趨販所不爲，況搢紳領袖，儒宗勝選乎。」測遂爲澄所排抑，世以此少之。（註一三）

賣買的劵文有的頗爲繁瑣，顏氏家訓曾謂博士買驢，書劵三紙，未有驢字。(註一四)

商品的運輸，陸則用車，水則用船。顏氏家訓說：「昔在江南不信有千人氈帳，及來河北不信有二萬石船，皆實驗也。」(註一五)江南水路交通的便利，大批運輸皆用船載，所以南方造船頗爲進步。隋書高帝紀說：

吳越之人，往承敝俗，所在之處，私造大船，因相聚結，致有侵害。其江南諸州人間有船者三丈已上悉括入官，

這道命令，可見隋文帝對南方商業的限制，也可見南朝運輸工具的進步。

關津是檢查商旅的處所，從一般的情形去說，中國歷史上的關津是稽查禁貨與行人，並不必徵收商稅，總帶着「關幾而不征」的意味。關津的組織如下：

又都西有石頭津，東有方山津，各置津主一人，賊曹一人，直水五人，以檢察禁物及亡叛者。其荻炭魚薪之類過津者並十分稅一以入官。其東路無禁貨，故方山津檢查甚簡。(註一六)

津有津主，賊曹，直水，津監，津長及校尉。(註一七)凡度關津者皆有過所：

諸度關及乘船筏上下經津者，皆有所寫一通付關吏。（註一八）

關津的主要作用，雖是稽查禁貨，有時也成爲徵收通過稅的處所。陳後主以石頭津稅給與徐孝克，就是一個證據。（註一九）因爲關津的稽查禁貨或徵取通過稅，所以有時豪族軍隊包運私貨，不令檢查。例如：

（張）景眞於南澗寺捨身齋，有元徽紫皮袴褶，餘物稱是。於樂遊設會，使人皆著御衣。又度絲錦與崐崙船營貨，輒使傳令防送過南州津。（註二〇）

普通七年改南州津爲南津，校尉以祖深爲之，加雲騎將軍，秩二千石，使募部曲二千。及至南州，公嚴清刻。由來王侯勢家出入津，不忌憲綱，俠藏亡命，祖深搜檢奸惡，不避強禦，動致刑辟。……（註二一）

埭設在水流湍急，船路艱阻的地方，船筏過時，或用人力，或用牛力，助其過渡，這是運輸上的一種互助舉動。爲補償這種牛力勞動，收一種稅，叫做牛埭稅。史載：

（哀帝）時東海王奕求海鹽錢塘以水牛牽埭，稅取錢直。帝初從之，嚴諫乃止。（註二二）

永明六年爲隨王東中郎長史，行會稽郡。時西陵戍主杜元懿啓吳興無秋，會稽豐登，商旅往來，倍多常歲，西陵牛埭稅，官格日三千五百，元懿如卽所見，日可一倍，盈縮相兼，略計年長百萬。浦陽南北津及柳浦西埭，乞爲官領攝，一年格外長四百許萬。西陵戍前檢稅，無妨戍事，餘三埭自擧腹心。世祖敕示會稽郡，此詎是事宜，可訪察卽啓。憲之議曰：尋始三牛埭之意，非苟逼僦以納稅也。當以風濤迅險，人力不捷，屢致膠溺，濟急利物耳。旣公私是樂，所以輸直無怨，京師航渡卽其例也。而後之監領者不達其本，每務己功，互生理外，或禁遏別道，或空稅江行，或撲船倍價，或力周而猶責，凡如此類，不經埭煩牛者，上詳被報格外十條，並蒙停寢。從來喧訴，始復暫弭。案吳興頻歲失稔，今茲尤饉，去乏從豐，良由飢棘。或徵貨貿粒，還拯親累；或提攜老弱，陳力餬口。埭司責稅，依格弗降，舊格新減，尚未議登，格外加倍，將何以術？皇慈恤隱，賑廩蠲調，而元懿幸災榷利，重徵困瘼，人而不仁，古今共疾。且比見加格，置市者前後相屬，非惟新加無贏，並皆舊格仍闕，愚恐元懿今啓，亦當不殊，若事不副言，懼貽譴詰，便百方侵苦，爲公賈怨……。（註二三）

起初牛埭稅純是一種互助的報償，後來也變成正規的稅收了！以牛助埭收稅，就有些不合理，若水流增多時，不必以牛助渡，收稅則更不合理。梁時蕭秀已經指斥過了：

（天監六年爲江州刺史）時盛夏水汎長，津梁斷絕，外司請依舊僦度，收其價值。秀教曰：刺史不德，水潦爲患，可利之乎？給船而已。（註二四）

這是因爲相因成習的關係，漸認牛埭稅爲一種稅收，而忘掉了初立之意。

（註一）知宮苑記言：「南尉在草市北，湖宮寺前。」水經注三二肥水文中：「肥水又西，右郃肥之故瀆，遏爲船官湖。肥水左瀆，又西逕石橋門，亦曰草市門。」

（註二）全晉文卷二十一。

（註三）庾子山集一一答移市教。

（註四）南齊書七東昏侯紀。

（註五）北齊書三二陸法和傳。

（註六）梁書一二呂僧珍傳。

（註七）南齊書三四劉休傳。

（註八）梁書二六傅昭傳，「十一隨外祖於朱雀航賣歷日」可知買賣不僅限於市，碼頭上也有小販了。

（註九）宋書四二王弘傳。

（註一〇）徐孝穆集五與顧記室書。

（註一一）宋書五三庾炳之傳。

（註一二）南齊書四二蕭坦之傳。

（註一三）南齊書三九陸澄傳。

（註一四）顏氏家訓勉學第八。

（註一五）顏氏家訓歸心篇。

（註一六）隋書二四食貨志。

（註一七）晉書一一二苻健傳：「蒲津監寇盜得一屐於河」梁書三武帝紀「南州津改置校尉。」水經注三河水：「皇魏桓帝（疑爲文帝之誤）十一年，西幸榆中，東行代地，洛陽大賈齎金貨隨帝後行，夜迷失道，往投津長，曰子封，送之渡河，賈人卒死，津長埋之。其子尋求父喪，發冢舉尸，資囊一無所損，其子悉以金與之，津長不受。事聞於帝，帝曰君子也。卽名其津爲君子濟。」

（註一八）御覽五九八。

（註一九）陳書二六徐孝克傳。

（註二〇）南齊書三一荀伯玉傳。

（註二一）南史七〇郭祖深傳。

（註二二二）晉書七八孔嚴傳。
（註二二三）南齊書四六顧憲之傳。
（註二二四）梁書二二安成康王秀。

四　官僚營商與高利貸事業

官僚與商業的關係，歷來都是很密切的。官僚藉政治勢力去經營商業，可以免去一些留難的手續，尤其是販賣禁貨可以避免重稅的勒索及關津的盤查。高利貸事業更離不開政治勢力，去保持資本與利息的安全。魏晉以降，官吏經營商業，較前代更爲普遍。西晉王戎和嶠石崇都是著名的經營家。王戎的田園水碓，周徧天下，自執牙籌，晝夜算計。石崇百道營生，爲荊州刺史的時候，也曾劫商致富。商業資本原與劫掠保持着密切的關係，又與官僚資本不容易分離。江統曾說過秦漢以降官僚與商業的關係：

秦漢以來，風俗轉薄，公侯之尊，莫不殖園圃之田而收市井之利，漸冉相放，莫以爲恥，乘以

古道，誠可愧也。今西園賣葵菜藍子雞麵之屬，虧敗國體，貶損令聞。（註一）

南朝官吏營商更較普遍，封疆大吏及其子弟，莫不運售土產，收取厚利。在宋：

時（世祖時）在朝勳要，多事產業，唯（柳）元景獨無所營。南岸有數畝菜園，守園人賣得錢二萬送還宅，元景曰：「我立此園種菜，以供家中啖爾，乃復賣菜以取錢，奪百姓之利邪？」以錢乞守園人。（註二）

（孝武時）子尙等諸皇子，皆置邸舍，逐什一之利，爲患徧天下。（註三）

梁益豐富，前後刺史，莫不大營聚畜，多者至萬金，所攜賓僚，並都下貧子，出爲郡縣，皆以苟得自資。（註四）

（元嘉時？）（孔）覬弟道存，從弟徽，頗營產業。二弟請假東還，覬出渚迎之，輜重千餘船，皆是綿絹紙席之屬。覬見之僞喜，謂曰：「我比困乏，得此甚要。」因命上置岸側，既而正色謂道存等曰：「汝輩忝預士流，何至還東作賈客邪？」命左右取火燒之，燒盡乃去。（註五）

太宗述（吳）喜罪狀：西南既殄，便應還朝，而解故槃停，託云扞蜀，實由貨易交關，事未回展。

又遣人入蠻矯詔慰勞，賧伐所得，一以入私。又遣部下將吏，兼因土地富人往襄陽或蜀漢屬託郡縣，侵官害民，興生求利，千端萬緒。從西還大艑小艒，爰及草舫，錢米布絹，無船不滿，自嘉以下迨至小將，人人重載，莫不兼貲。（註六）

在齊：元徽中，興世在家擁雍州還資見錢三千萬，蒼梧王自領人劫之，一夜垂盡。（註七）

伏見以諸王舉貨，屢降嚴旨，少拙營生，已應上簡，府州郡邸舍，非臣私有，今臣細所資，悉是公潤，私累不少，未知將來罷郡之後，或當不能不試學營覓以自贍。連年惡疾，餘顧影單回，無事畜聚，唯逐手爲樂耳。（永明二年）（註八）

在梁：山陰人呂文度有寵於齊武帝，於餘姚立邸，頗縱橫，（顧）憲之至郎表除之。（註九）

在陳：（曹）景宗在州鬻貨聚斂。（天監元年在郢州）（註一〇）

(華)皎起自下吏,善營產業。湘川地多所出,所得並入朝廷,糧運竹木,委輸甚衆。至於油蜜脯菜之屬,莫不營辦。又征伐川洞,多致銅鼓生口,並送於京師。(註一一)

如幸而爲南海太守,尙能買賣生口,勒索外商。例如:

(天監初王僧孺)尋出爲南海太守,常有高涼生口及海舶,每歲數至,外國賈人以通貨易。舊時州郡以半價就市,又買而卽賣,其利數倍,歷政以爲常。僧孺嘆曰:「昔人爲蜀郡長史,終身無蜀物。吾欲遺子孫者不在越裳。」並無所取。(註一二)

交州也是外國貿易要區。爲交州刺史者,一樣的有財可發。例如:

時(歐陽)頠弟盛爲交州刺史,次弟邃爲衡州刺史,合門顯貴,名振南土。又多致銅鼓生口,獻奉珍異,前後委積,頗有助於軍國焉。(註一三)

冶署邸肆,四方屯傳,多爲官吏經營。賀琛奏章縷述此弊,反被梁武帝痛加申斥。史書記載這件事道:

言奏,高祖大怒,言主書於前口授敕責琛曰:……又云冶署邸肆,何者宜除,何者宜省?國容戎備，何者宜省，何者未須？四方屯傳，何者無益，何者妨民，何處興造而是役民，何處費財而是非急？若爲討召，若爲徵賦？朝廷從來無有此事，靜息之方，復何者宜，各出其事，具以奏聞。（註一四）

官吏藉政治勢力壓迫民衆，無所不至。晉平太守的與民交關，至質錄人民之兒婦：

（齊明帝時，虞愿）出爲晉平太守，在郡不治生產，前政與民交關，質錄其兒婦，愿遣人於道奪取將還。（註一五）

北朝初期官吏的營商，爲數或少，及至孝文以降，社會經濟的滋榮，刺激商業資本的發展，官吏營商也隨之發達。魏齊諸王經商取利者，頗不在少數，官吏的經商亦不乏其人。如：

（劉騰）公私屬請，唯在財貨。舟車之利，水陸無遺，山澤之饒，所在固護，剝削六鎭，交通底市。歲入利息，以巨萬計。（註一六）

高宗時，牧守之官頗爲貨利。太安初，遣使者二十餘輩，循行天下，觀風俗，視民所疾苦。詔使者察諸州郡墾殖田畝，飲食衣服，閭里虛實，盜賊劫掠，貧富彊劣而罰之。自此牧守頗改前弊，民以安業。（註一七）

（李崇）性好財貨，販肆聚斂，家貲巨萬，營求不息。子世哲爲相州刺史，亦無淸白狀，鄴洛市廛，收擅其利。爲時論所鄙。（註一八）

（穆）昧利求貨，奴婢千羣，田業鹽鐵，徧於遠近，臣吏僮僕，相繼經營。（註一九）

政府對官吏的營商，取干涉的態度，南北兩朝的政府皆然。在北朝：

（正光三年）以牧守妄立碑頌，輒興寺塔，第宅豐侈，店肆商販。詔中尉端衡肅厲威風，以見事糾劾，七品六品祿足代耕，並不聽錮貼店肆，爭利城市。（註二〇）

在南朝：

元嘉三十年七月詔：水陸捕採，各順時月，官私交市，務令優衷。其江海田池公家規固者詳所開弛，貴戚競利，悉皆禁紀。（註二一）

大明八年六月詔：凡曲令密文，繁而作治，闗中傚稅，事施一時，而奸吏舞文，妄興威福，加以氣緯舛玄，偏頗滋甚。宜其寬徭輕憲，以救民切。御府諸署，事不須廣，雕文篆刻，無施於今；悉宜幷省，以酬氓願。藩王貿貨，壹皆禁斷，外便具條以聞。（註二二）

（世祖）上始踐阼，欲宣弘風，則下節儉詔書，事在孝武本紀。（謝）莊慮此制不行，又言曰：詔云貴戚競利興貨廛肆者，悉皆禁制，此實允愜民聽。其中若有犯違，則應依制裁糾。若廢法申恩，便爲令有所屈。此處分伏願深思，無緣明詔既下，而聲實乖爽。臣愚謂大臣在祿位者，尤不宜與民爭利，不審可得在此詔不。拔葵去織，實宜深弘。（註二三）

建元元年四月己亥詔曰：自廬井毀制，農桑易業，鹽鐵妨民，貨鬻傷治，歷代成俗，流蠹歲滋。援拯遺弊，革末反本，使公不專利，氓不失業。二宮諸王，悉不得營立屯邸，封略山湖。太官池籞宮停稅入優量省置。（註二四）

天監七年九月丁亥詔曰：芻牧必往，姬文垂則，雉兔有刑，姜宣致貶。藪澤山林，毓材是出；斧斤之用，比屋所資。而坎世相承，並加封固，豈所謂與民同利，惠茲黔首。凡公家諸屯戍見封熂者，可悉開常禁。（註二五）

這些詔令只是告訴我們以當時官僚經營商業的情況，至於是否發生實效，那就在中央政府的權力的大小了！

高利貸事業與官僚及寺院保持着密切的關係。這時高利貸事業的發展雖未臻於完密，但已具雛形。牠的名目有出責、舉貸及質。出責、舉貸多半係錢帛的放利，或亦不免出舉現物；質則多以現物質錢，有如現在的典當業。放債多與官吏相關。如：

綽私財甚豐，鄉里士庶多負其責，覬之每禁之，不能止。及後爲吳郡，誘綽曰：「我常不許汝出責，定思貧薄亦不可居，民間與汝交關，有幾許不盡？及我在郡，爲汝督之，將來豈可得，凡諸券書皆何在？」綽大喜，悉出諸文券一大廚與覬，覬之悉焚燒，宣語遠近「負三郎責皆不須還，凡券書悉燒之矣。」綽懊歎彌日。（註二六）

家素富貴，其家人在鄉，多有舉貸求利，（李）元忠每焚契免責。（註二七）

質多爲寺院經營：

淵薨，澄以錢萬一千就招提寺贖太祖所賜淵白貂坐褥，壞作裘及纓。又贖淵介幘犀導及淵常所乘黃牛。（註二八）

（甄彬）嘗以一束苧就州長沙寺質錢，後贖苧還，於苧東中得五兩金，以手巾裹之，彬得，

送還寺庫。道人驚云近有人以此金質錢，時有事不得舉而失，檀越乃能見還，以金半仰酬，往復十餘，彬堅然不受。(註二九)

南朝疆吏尙有強迫放債的舉動。例如：

休祐在荆州多營財貨，以短錢一百賦人田登，就求白米一斛，米粒皆令徹白，若碎折者悉不受，人間糴此米一斗一百，至時又不受米，評米責錢，凡諸求利皆如此。(註三〇)

(註一)晉書五六江統傳。
(註二)宋書七七柳元景傳。
(註三)宋書八二沈懷文傳。
(註四)南史一五劉秀之傳。
(註五)宋書八四孔覬傳。
(註六)宋書三八吳喜傳。
(註七)南齊書五一張欣泰傳。
(註八)南齊書二二豫章文獻王傳。
(註九)梁書五二顧憲之傳。

（註一〇）梁書九曹景宗傳。
（註一一）陳書二〇華皎傳。
（註一二）梁書三三王僧孺傳。
（註一三）陳書九歐陽頠傳。
（註一四）梁書三八賀琛傳。
（註一五）南齊書五三虞愿傳。
（註一六）北史九二劉騰傳。
（註一七）魏書一一〇食貨志。
（註一八）魏書六六李崇傳。
（註一九）魏書二一咸陽王禧傳。
（註二〇）魏書九肅宗紀。
（註二一）宋書六孝武帝紀。
（註二二）宋書七前廢帝紀。
（註二三）宋書五八謝莊傳。
（註二四）南齊書二高帝紀。

（註二五）梁書二武帝紀。
（註二六）宋書一八顧覬之傳。
（註二七）北齊書二二李元忠傳。
（註二八）南齊書二三褚澄傳。
（註二九）南史七〇甄法崇傳。
（註三〇）宋書七二晉平剌王休祐傳。

五　工業概述

南北朝時期的工業，有材料供我們敍述的，還是官府工業。

官府工業機關，大抵屬於衞尉少府等處。晉之衞尉統諸冶令，掌工徒鼓鑄之事，東晉不置衞尉，諸冶皆屬少府，宋世祖孝建元年復置衞尉，但冶隸少府如故。北朝同有衞尉。少府同爲北魏及南朝執掌官工業的機關，宋少府掌左尙方右尙方東冶南冶四令丞；東晉時只一尙方，宋武帝以相府細作配臺，謂之左尙方，本署謂之右尙方，尙方始有二。南齊同宋制。梁陳之制，少府卿位視尙書左丞，置材官將軍左中右尙方、甄官平水署，南塘邸稅庫、東西冶、中黃、細作、炭庫、紙官、柴署等令丞。唯北齊各工業機關屬於太官府，隋書二七百官志稱：

太官府掌金帛府庫營造器物，統左中右三尙方，左藏，司染諸冶東西道署，黃藏，右藏，細作，左校，甄官等署合（令?）丞。左尙方又別領別局樂器器作三局丞。中尙方又別領別局涇州絲局雍州絲局定州紬綾局四局丞。右尙方又別領別局丞司染署又別領京坊河東信都三局丞。諸冶東道又別領滏口武安白間三局丞。諸冶西道又別領晉陽冶泉部鄂大原仇四局丞。甄官署又別領石窟丞。

此外尙有將作大匠掖庭監材官將軍等號，也是管理官府工業的機關。南朝將作大匠非常置官，有事則置，無事則罷。宋有材官將軍一人司馬一人，主工匠土木之事。北朝亦有將作大匠一職。

官府工業的經營，仍以罪人作主要勞働者。劉宋律令：反叛淫盜三犯補冶士；（註一）北魏神麚中崔浩定律令，犯罪者：畿內民富者燒炭於山，貧者役於圊溷，女子入舂稿，其固疾不逮於人守苑囿。（註二）以刑徒作工，本是古今相同的事例。

封建社會下，職業是世襲的，士之子恆爲士，農之子恆爲農，工之子恆爲工，身分的限界，是不能自由擺脫的。太平眞君五年詔語曾說：

今制自王公以下，至於鄉士，其子息皆詣太學，其百工伎巧騶卒子息，當習其父兄所業，不聽私立學校，違者師身死，主人門誅。（註三）

可見尙保持以往的習俗。再則，君主之獨佔工匠，也是南北朝的社會政治具封建性的一證。君主獨佔工匠的事例如下：

（天興元年）徙山東六州民吏及徙河高麗雜夷三十六萬，百工伎巧十餘萬口以充京師。（註四）

太平眞君五年正月戊申詔曰：愚民無識，信惑妖邪，私養師巫，挾藏讖記陰陽圖緯方伎之書，又沙門之徒假西戎虛誕，生致妖孽，非所以一齊政化布淳德于天下也。自王公以下至於庶人，有私養沙門師巫及金銀工巧之人在其家者，皆遣詣官曹，不得容匿，限今年二月十五日，過期不出，師巫沙門身死，主人門誅，明相宣告，咸使聞知。（註五）

太平眞君七年三月詔：諸州坑沙門，毀諸佛像。徙長安城工巧二千家於京師。（註六）

在政府獨佔工匠的情形之下，私藏工匠是犯罪的。事實上私人工廠不能完全絕跡。如北朝河東樊仲以造氈爲業；又畢義雲以私藏工匠獲罪，都是私工業沒有絕迹的證據。且畢義雲的工廠至有織機十餘架，又多少可以蠡測私工業組織的規模。（註七）

因私工業之不能絕迹，所以工匠亦有以財力得勢者，如北周染工王神歡之例即是。（註八）

幼稚工業常要受原料產地及特殊工師所在地的限制。所以中古時期的工業大體上可以找出幾個特殊區域。

河北一帶是紡織業著名的地域：西京雜記說：鉅鹿陳寶光妻善作散花綾，崔元始正論說：「雁門廣武迎織師，使巧手作機及紡以教民織。」（註九）可見兩漢時，河北一帶的紡織業業已馳名。何晏九州論曾說：「淸河縑總，房子好錦」（註一〇）盧毓冀州論又說：「房子好錦地產不爲無珍。」（註一一）石崇奴券也說：「常山細縑，趙國之編，許昌之總，沙房之綀。」又可知魏晉時期，河北一帶在紡織業上仍保持其優越。北魏雖沒有史料給我們證據，北齊左尚方之領有定州紬綾局，卻能證明河北一帶的紡織業在北朝時期並沒有沒落。

四川織錦工業的馳名，這是人人所知道的。蜀錦的聲譽，已經數千年保持不衰。在三國時，諸葛亮曾說：「今民貧國虛，決敵之資，唯仰錦耳。」（註一二）丹陽記也說：

鬬場錦署，平關右，遷其百工也，江東歷代尙未有錦，而成都獨稱妙。故三國時，魏則市於蜀，而吳亦資西道。（註一三）

冶金業的地域，以長江下游附近區域較爲著名。御覽六六五引陶隱居言：

頃來有作者十餘人，皆不及此。作剛朴是上虞謝平。鑿鏤裝冶是右尙方師黃文慶，並是中國絕手。以齊建武元年甲戌歲八月十九日辛酉建於茅山造。至梁天監四年乙酉歲，勑令造刀劍形供御用，窮極精巧，奇麗絕世，別有橫法剛，公家自作百錬。黃文慶因此得免隸役，爲山館道士也。

山謙之丹陽記言：

永世記云：縣南百里鐵峴山，廣輪二百許里，山出鐵。揚州，今鼓鑄之地。（註一四）

南徐州記又言

剡縣有三白山，出鐵器，常供戎器。（註一五）

大體上說：在南朝，是以這個區域的冶金業較盛。在北朝則以相州牽口冶爲著：魏書一一〇食貨志言：

其鑄鐵爲農器兵刃在所有之，然以相州牽口爲工，常鍛鍊爲刀，送於武庫。

至於冶金技術的進步，亦有頗足述者。一是冶金器具的進步，即使用水排馬排的發明。水排的使用，大抵始於東漢初年，張璠漢紀曾言杜詩爲太守，爲冶作水排，教化大行。曹魏韓暨爲監冶謁者，亦改馬排爲水排，魏志本傳言：

（太祖平荆州後）徙監冶謁者，舊時冶作馬排（爲排以吹炭）每一熟石用馬百匹，更作人排，又費功力，暨乃因長流爲水排，計其利益三倍於前，在職七年，器用充實，制書褒其法。

（註一六）

水排的使用，初見於漢魏，到南北朝時仍繼續使用，水經注言：

白超壘……側舊有塢，故冶官所在。魏晉之日，引穀水爲水冶，以經國用，遺跡尙存。（註一七）

武昌記言：

北濟湖，本是新興冶塘湖。元嘉初發水冶。水冶者，以水排。冶令顏茂以塘數破壞，難爲功力，茂因廢水冶，以人鼓排，謂之步冶。湖日因破壞，不復修治，冬月則涸。（註一八）

二是鍛鐵之使用，大抵以前多爲鑄鐵，質粗且脆，到這時發現了鍛鐵的記載。史言：

嵇康性絕巧，好鍛。家有盛柳樹，乃激水圜之，夏天甚涼，恆居其下自鍛，有人就者，康不受其直。（註一九）

世祖以鍛箭鏃用鐵多，不如鑄作，東冶令張侯伯以鑄鏃鈍，不合用，事不行。（註二〇）

織機的改良，首見於傅玄馬鈞傳序，稱：

居貧，乃思綾機之變，不言而世人知其巧矣。舊綾機五十綜者五十躡，六十綜者六十躡，先生患其喪功費日，乃皆易以十二躡。其奇文異變，因感而作者，猶自然之成形，陰陽之無窮。（註二一）

南北朝時，自然要承襲這種發明的技術，徐陵描寫織婦的詩說是：「纖纖運玉指，脈脈正蛾眉，振躡開交縷，停梭續斷絲。」又說是「數躡經無亂，新漿緯易牽」（註二二）可知這時的織機，似乎是一躡鼓動數綜。

此外，堪一述者，則爲碓磨之改良。晉杜預曾作連機碓，劉景宣使一牛轉八磨之重，嵇含八磨賦說：

> 外兄劉景宣作爲磨，奇巧特異，策一牛之任，轉八磨之重。因賦之曰，方木矩跱，圓質規旋，下靜以坤，上轉以乾，巨輪內建，八部外連。（註二三）

南齊祖冲之又作水碓磨，及千里船：

> 以諸葛亮有木牛流馬，乃造一器，不因風水，施機自運，不勞人力。又造千里船，於新亭江試之，日行百餘里。於樂游苑造水碓磨，武帝親自臨視。（註二四）

（註一）宋書三武帝紀。

（註二）魏書一一一刑罰志。

（註三）魏書四世祖紀。

（註四）魏書二太祖紀。

（註五）（註六）魏書四世祖紀

（註七）北史八三樊遜傳，北史三九畢義雲傳。

（註八）北史三〇盧愷傳。

（註九）御覽八二六引。

（註一〇）御覽八一八引。

（註一一）御覽八一九引。

（註一二）（註一三）御覽八一五引。

（註一四）（註一五）御覽四六引。

（註一六）魏志二四韓暨傳。

（註一七）水經注十六穀水。

（註一八）御覽八三三引。

（註一九）御覽三八九引。

（註二〇）南齊書三〇戴僧輝傳。

（註二一）魏志二九杜夔傳注引。

（註二二二）徐孝穆集一。

（註二二三）御覽七六二引。

（註二二四）南齊書五二祖冲之傳。

第五章　貨幣問題與對策

一　貨幣使用的萎縮

過去的社會史家，多半認爲中國中古時期是由貨幣經濟逆轉爲自然經濟，錢幣的使用變爲現物交換，大概都是誇大了幾件短時間存在的史實。我們要仔細研討這一期史實，就知道大體上貨幣使用並未中止。中國北部因兵亂的結果，貨幣使用的範圍雖大爲縮小，但仍然使用不絕。曹魏文帝罷五銖錢，用穀帛爲期只是六年（註一）。五胡亂華時代，恐怕也僅是擾攘的初期，或幾個特殊區域斷絕貨幣的使用。史稱石勒令公私行錢，人情不樂，錢終不行。而中原紛亂之際的西涼，張軌卻令人行錢，錢遂大行，人賴其利。北魏初，錢貨無所周流，但這是建都在平城時的情形。平城原是長城以外的區域，自冀州以北，在中古時期貨幣使用上本是一個比較落後的區域。東魏的時候，就有冀州之北錢貨不行的話。就是到唐朝，河北也是一個特殊區域。在分崩離析的局面中，我們不能拿一個地方去概括一切，也不能以短短的一時，去代表全體。更有一層，貨幣本不限於金屬，我們不能拿布帛的使用作現物交換的徵候。自五胡亂華到北魏太和一百七八十年間，雖沒有錢幣的使用，但布帛使用卻很普通。布帛與銅錢實都具有貨幣的性質，用帛不用錢，只是貨幣使用方式的改變，不是向現物交易的逆轉。

北朝雖不脫貨幣經濟的範圍，但錢幣使用的滯塞，則爲明顯的事實。北魏孝文帝始詔天下用錢，太和十九年冶鑄粗備，到熙平的時候，還是「太和五銖雖利於京邑之肆，而不入徐揚之市，土貨既殊，貿鬻亦異，便於荊郢之邦者，則礙於兗豫之域，致使貧民有重困之切，王道貽隔化之訟。」這時河北州鎮尚不用錢，洛陽以西的地帶也不用錢；齊神武時，冀州之北，尚保持着布帛經濟。但是行錢是通則，不用錢是特例。太和行錢之後，百官卽準絹給錢。

庾子山集所載和趙王的酬答亦有賜錢的字樣。北魏孝昌民間的交易亦有用錢的紀載。(註二)北周時民間亦通用錢。(註三)所以上邊說貨幣使用，大體上在北朝是通行的，雖不能像西漢那樣貨幣經濟的盛行，也不能便說是逆轉到自然經濟。

中國南部的貨幣使用，比較北方遠爲活潑。北方在黃巾亂後的社會蕭條，及董卓毀五銖錢後的錢幣缺乏兩種不利情況，吳蜀兩地都沒有波及。秦漢以來所發展的貨幣經濟，在未被破壞的南方尙能維持。錢幣的使用，仍保持其優越的地位，間不免有一二特殊的區域，曾有一時的廢用錢貨，（註四）這種特殊區域較北朝就更爲微小了！

（註一）黃初二年至太和元年。但孔琳之言魏明帝時錢廢穀用三十年矣，又是從建安初年說起。見宋書五六孔琳之傳。

（註二）魏書七七楊謙之傳「孝昌初行河陰縣令。先是有人囊盛瓦礫，指作錢物，詐市人馬，因逃去。」可作民間通行錢之旁證。

（註三）庾子山集一三周太子少保步陸碑「家僮暮行，還得遺錢於道，並白絲一匹，公訪得其主，即以還之。」可作民間錢帛兼用之證。

（註四）宋書八一劉秀之傳「先是漢川悉以絹爲貨，秀之限令用錢，百姓自今受其利。」這是元嘉二十五年時的話。

二　貨幣問題的癥結

貨幣使用的混亂，是中國中古史上一件嚴重的問題。從魏晉到宋，常常遇到這個問題的威脅。總括其癥結的所在，約有以下三點：

（a）錢幣種類的複雜——錢幣種類的複雜，南北朝可以說是空前絕後的時代。前代遺留的古錢，在這時候都當作良好的通貨使用。這時使用的古錢，只少有漢五銖錢，魏五銖錢，吳大錢，蜀直百錢，東晉「沈郎錢」等類。南朝所行的錢，又有宋四銖錢，大錢，二銖錢，梁五銖及女錢，陳五銖錢，大貨六銖錢。北朝行的有魏太和五銖，永安五銖，齊常平五銖，周之布泉，五行大布錢。這些只是政府的官幣，其他人民私鑄的鵝眼綖環，名目更多。南北朝時積存了這樣複雜的錢幣，輕重的不一，比價的不一，使各種錢幣反復的改鑄，反復的銷毀，這樣就使貨幣使用發生了紊亂。

（b）錢幣的過剩與缺乏——中古的貨幣問題，在這兩個相反的現象上兜了不少的圈子。錢幣少的時候，相對的物價低落。交易媒介的不足，臨時參用了一些笨重物品作爲貨幣使用，轉運攜帶的不便，使商業的活動爲之遲滯。更爲納稅的規定，物錢的互相折納，使政府人民都受到弊害。關於這樣的問題，我們先看到的是曹魏文帝廢錢用穀帛的時代，再看到的是南朝初期鬧錢荒的時代。錢幣的缺乏，迫使政府走向兩個途徑，一是把布帛加入貨幣使用的範圍，一是添鑄新幣，使貨幣流通的數量加多。政府採取加鑄新錢的政策，或者供給與需要適相符合，貨幣問題解決了；或者供給超過需要，貨幣問題再轉向另一個方向。這個方向就是錢幣的濫惡問題。錢幣的濫惡，主要的原因是私鑄的盛熾。私錢的品質的惡劣，才使物價高漲。所以這時的物價升降，我們不能單求之於正幣的供求法則，還要注意惡幣含量的輕小。

（c）布帛使用的影響——布帛之爲貨幣的一種，直到宋代還有其痕迹。因爲中古時代布帛使用範圍的廣泛，令人懷疑到中古時代的貨幣是複本位制，還是單本位制？布帛的價格，常常被認爲銅錢價格的標準，那麽布帛應該是本位幣，銅錢應該是輔助幣了！假若錢是站在輔助幣的地位，（如剛剛過去的銅元之於銀元，非眞輔幣也，）她的價格的搖動，自爲自然的趨勢。我們在南北朝以至唐朝，都看到這布帛與銅錢比價的動搖，因是形成錢賤或錢貴的問題。

三　錢幣的缺乏與穀帛雜用

南朝的初期，和北朝的中期，都遇到了錢幣缺乏的問題。自從漢武帝元狩五年鑄五銖錢後，直到曹魏太和元年三百四十五年間，不見政府有鑄錢的事情（註一）。以後，自從魏太和吳嘉禾赤烏鑄後，（註二）直到宋元嘉北魏太和亦不見有鑄錢的史實。鑄的停滯，使錢幣的數量缺少，錢幣數量的缺少其影響：在南朝形成錢貴物賤的現象。晉安帝時就是「昔事故饑荒米穀綿絹皆貴。其後米價登復，而絹於今一倍。綿絹既貴，蠶業甚滋，雖懃厲兼倍，而倍猶不息。」在這種情形之下，桓玄擬廢錢用穀帛，當時孔琳之就反對此議。以為：

聖王制無用之貨，以通有無之財，既無毀敗之費，又省運置之苦，此錢所以嗣切龜貝歷代不廢者也。穀帛為寶，本充衣食，今分以為貨，則致損甚多，又勞毀於商販之手，耗棄於割截之用，此之為弊，著於自曩。……今括囊天下穀以周天下之食，或倉庾充衍，或糧靡斗儲，以相資通，則貧者仰富，致之之道，實假於錢，一朝斷之，便為棄物，是有錢無糧之民，皆坐而困飢，此斷錢之立敝也。且據今用錢之處不為貧，用穀之處不為富，又民習來久，革之必惑。（註三）

到宋初錢幣缺乏的問題，仍沒有解決。永初時，議者欲悉市民銅，更造五銖錢，當時朝臣議以為不可。范泰以爲錢之通用與否，不在多少，不主張再鑄錢。他說：

> 夫貨存貿易，不在多少，昔日之貴，今日之賤，彼此共之，其揆一也。但令官民均通，則無忌民足。若使必資貨廣，必收國用者，則龜貝之屬，自古所行。尋銅之爲器，其用也博矣。器有要用則貴賤同資，物有適宜，則家國共急，今毀必資之器，而爲無施之錢，於貨功不補，勞在國則君民俱困，校之以實，損多益少。（註四）

到元嘉七年始鑄四銖錢，錢幣缺乏的問題才告解決。

北朝初期，我們大體上是認爲使用布帛的時代。自從北魏太和十九年始鑄太和五銖，以至莊宗鑄永安五銖，中間還是感覺錢幣的缺乏。太和十九年的放民鑄錢，因爲「銅必精鍊」的限制，恐怕民間也不肯下煩重的代價去替政府鑄錢，永平三年再鑄五銖錢，或者因鑄錢數量不多的關係，到熙平初，錢幣仍鬧恐慌。史載：

> 肅宗初，京師及諸州鎮，或鑄或否，或者只用古鑄，不行新幣，致商貨不通，貿遷頗隔。（註五）

這次鬧錢幣問題的原因，一方面是錢幣缺乏，一方面也是錢種複雜，一州鎮的錢，未必能在其他州鎮通用行古錢的地方，又不見得信用新錢，這就是元澄所說的「太和五銖雖利於京邑之肆，而不入徐揚之市，土貨既殊，貿鬻亦異，便於荆郢之邦者，則礙於兗豫之域。」北魏政府對這種貨幣的割據狀態，只採取了「權可聽行」「權依舊用」的敷衍政策，並沒有根本去求解決。因此，逼迫一些沒有適當錢幣的地方使用布帛，在第一節裏已經指出了河北諸州及京北京西諸州都在使用縑帛。這錢幣的缺少問題，在北朝是永安以後才解決！但是剛剛跨出錢幣缺乏的範圍，卻又踏進錢幣惡濫的領域。

(註一)中間王莽曾鑄錢貨，中平三年鑄四出文錢，董卓鑄小錢，但不久皆銷毀。

(註二)劉備於建安二十三年曾鑄錢。

(註三)宋書五六孔琳之傳。

(註四)宋書六〇范泰傳。

(註五)魏書一一〇食貨志。

四　錢幣的濫惡與補救

初期的錢幣的缺乏，迫使政府與議鑄錢，新鑄的錢，因爲質量比價與以往通貨的不相稱，遂使新舊錢相互的毀鑄，劣幣驅逐了良幣，使物價高漲起來。南朝宋元嘉七年十月戊午立署鑄四銖錢，顧文思義，知道較以往的五銖錢爲輕，既較古錢爲輕，翦鑿或銷毀古錢，改鑄新錢，自爲自然的趨勢。（註一）史載：

先是患貨重，鑄四銖錢，民間頗盜鑄，多翦鑿古錢以取銅。（註二）

元嘉二十四年爲消除這種弊端，加重大錢的價格，以作補救。所稱大錢，大半是指的當時所通用的古錢，不是單指孫吳的大錢。（註三）當年六月卽制大錢以一當兩，以一當兩，卻有以下的弊端：

夫貨偏則民病，故先王立井田以一之，使富不淫侈，貧不過匱，雖玆法久廢，不可頓施，要宜而近，粗相放擬。若今制遂行，富人貲貨自倍，貧者彌增其困，懼非所以欲均之意。（註四）

以大錢一當兩，不僅使藏鏹滿室的富人貲貨自倍，就是與古錢的輕重比價也不均稱，所以行之經時，公私不便，於是在元嘉二十五年五月就取消了這種辦法。

宋孝武帝孝建元年正月更鑄四銖錢，這次鑄錢，形或薄小，輪廓不成。於是：

民間盜鑄者雲起，雜以鉛錫，並不牢固。又翦鑿古錢，以取其銅，錢轉薄小，稍違官式。雖重制嚴刑，民吏官長坐死免者相係，而盜鑄彌甚，百物踊貴，民人患苦之。（註五）

政府乃另立品格薄小無輪廓者悉加禁斷。當時公卿討論此議，沈慶之以爲應聽人民自由鑄錢。他說：

愚謂宜聽民鑄錢，郡縣開置錢署，樂鑄之家居於署內，平其雜式，去其雜僞，官斂輪廓，藏之以爲永寶。去春所禁新品，一時施用，今鑄悉依此格，萬稅三千，嚴檢盜鑄，幷禁翦鑿，數年之間，公私豐贍，銅盡事息，奸僞自止。（註六）

江夏王義恭卽反對此議，顏竣亦反駁此議，他說：

泉貨利用，近古所同，輕重之議，定於漢世，魏晉以降，未之能改。誠以物貨既均，改之僞生故也。世代漸久，弊運頓至，因革之道，宜有其術。今云開署放鑄，誠所欣同。但慮采山事絕，器用日耗，銅既轉少，器亦彌貴，設器直一千，則鑄之減半，爲之無利，雖令不行。又云：去春所禁，一時施用，是欲使天下豐財，若細事必行，而不從公鑄，利已既深，情僞無極，私鑄翦鑿，書不可禁，五銖半兩之屬，不盈一年必至於盡。財貨未贍，大錢已竭，數歲之間，悉爲塵土。豈可令取弊之道基於皇代。今百姓之貨雖爲轉少，而市井之民未有嗟怨，此新禁初行，品式未一，須臾自止，不足以垂聖慮。惟府藏空匱，實爲重憂。今縱行細錢，官無益賦之理，百姓雖贍，無解官乏。唯簡費去華，設在節儉，求贍之道，莫此爲貴。然錢有定限，而消失無方，翦鑄雖息，終致窮盡者，亡應官開取銅之署，絕器用之塗，定其品式，日月漸鑄，歲久之後，不爲世益耳。（註七）

當時禁令，似亦嚴峻。如：

世祖大明中爲武康令。時境內多盜鑄錢，亮掩討無不禽，所殺以千數。（註八）

琛仍爲吳興太守，明年坐郡民多翦錢及盜鑄免官。（大明四年）（註九）

前廢帝永光元年二月庚寅鑄二銖錢，景和元年（永光同年）九月聽百姓鑄錢，於是錢之惡濫更甚。史稱：

前廢帝卽位，鑄二銖錢，形式轉細，官錢每出，民間卽模效之，而大小厚薄皆不及也。無輪廓，不磨鑪，如今之翦鑿者謂之來子。景和元年沈慶之啓通私鑄，由是錢貨亂敗，一千錢長不盈三寸，大小稱此，謂之鵝眼錢，劣於此者謂之綖環錢，入水不沈，隨手破碎，市井不復料數，十萬錢不盈一掬，斗米一萬，商貨不行。(註一〇)

到這時，錢的濫惡可謂已登峯造極。宋明帝即位，即禁斷新錢，專用古錢。

泰始二年三月壬子斷新錢，專用古錢。(註一一)

嚴峻法令下的禁用新錢，於是又造成宋末與南齊錢幣缺乏的現象。

時議者多以錢貨轉少，宜更廣鑄，重其銖兩，以防民奸。太祖使諸州郡大市銅炭，會宴駕，事寢。(註一二)

當時孔顗上鑄錢均貨議，將錢幣之流弊與對策敍述頗爲合理：

宋代太祖輔政，有意欲鑄錢，以禪讓之際，未及施行。建元四年奉朝請孔顗上鑄錢均貨議，辭證甚博。其略以爲食貨相通，理勢自然。李悝曰「糴甚貴傷民，甚賤傷農。民傷則離散，農傷則國貧。甚賤與甚貴，其傷一也」。三吳國之關閫，比歲被水潦而糴不貴，是天下錢少，非穀穰賤，此不可不察也。鑄錢之弊在輕重屢變，重錢患難用，而難用爲累輕，輕錢弊盜鑄，而盜鑄爲禍深。民所盜鑄嚴法不禁者，由上鑄錢惜銅愛工也。惜銅愛工者，謂錢無用之器，以通交易，務欲令輕而數多，使省工而易成，不詳慮其爲患也。自漢鑄五銖錢，至宋文帝，歷五百餘年，制度世有廢興，而不變五銖錢者，明其輕重可法，得貨之宜。以爲宜開置泉府，方牧貢金，大興鎔鑄，錢重五銖，一依漢法，府庫已實，國用有儲，乃量俸祿，薄賦稅，則家給民足。頃盜鑄新錢者，皆效作翦鑿，不鑄大錢也，摩澤淄染，始皆類故，交易之後，渝變還新，良民弗皆(？)淄染不復行矣，所鬻賣者，皆徒失其物，盜鑄者復賤買新錢，淄染更用，反覆生詐，循環起奸。此明主尤所宜禁而不可長也。若官鑄已布於民，使嚴斷翦鑿，小輕破缺無周郭者，悉不得行，官錢細小者，稱合銖兩，銷以厚大，利貧良之民，塞姦巧之路，錢貨既均，遠近若一，百姓樂業，市道無爭，衣食滋殖矣。(註一三)

永明八年曾從劉悛議，在蜀鑄錢，得千餘萬，以功費乃止。在南齊一朝，錢幣的缺乏，殆未解決。梁朝初期，因爲錢幣數量的缺乏，致令其使用的範圍縮小。

梁初唯京師及三吳荊郢江湘梁益用錢，其餘州郡則雜以穀帛交易，交廣之域，全以金銀爲貨。(註一四)

梁武帝為錢幣的缺少，又鑄新錢，肉好周郭，文曰五銖，重如其文，而又別鑄，除其肉郭，謂之女錢，二品並行。這次鑄錢，又是因為與古錢輕重比價的不均引起貨幣的紊亂，百姓或私以古錢交易。於是產出了一些複雜的名稱，或叫直百五銖，五銖女錢，太平百錢，或叫定平一百五銖，因為輕重的差異，而有這些定量的名稱。梁武帝雖令禁用古錢（註一五）而民間的私用，仍甚盛行。普通中盡罷銅錢，改鑄鐵錢，以防止古錢的使用，這種方策，不僅沒有解決當時的貨幣問題，而使貨幣問題更趨嚴重。（註一六）陳初際喪亂之餘，貨幣問題仍未解決，因錢幣的濫惡，且曾迫使交易雜用粟帛，陳文帝即位，再想從五銖錢上謀取救濟：

天嘉三年閏二月甲子改鑄五銖錢。（註一七）

實行十七年期間，中間尚沒有發生什麼問題。陳宣帝太建十一年又用大貨六銖錢，以一當五銖之十，後還當一，又造出貨幣比價的紊亂。民間不滿意六銖錢，造出了「六銖不利縣官」的謠言。不久宣帝死了，又廢六銖錢而行五銖錢。南北朝時人民對五銖錢信用之大，可想而知了！

北魏自莊帝以後，錢始惡濫，熙平二年崔亮奏於恆農郡鑄錢，以後所行之錢，民多私鑄，始就小薄，錢價遂賤。莊宗永安二年又鑄永安五銖，盜鑄者尤衆。時：

長白山連接三齊瑕丘數州之界，多有盜賊。……又諸州豪右在山鼓鑄，奸黨多依之。（註一八）

藩疆官吏，亦有私鑄：

元象初，（王則）除洛州刺史。則性貪惏，在州取受非法。舊京諸像，毀以鑄錢，於時世號河陽錢，皆出其家。（註一九）

到東魏時，遂有以下多種錢幣：

齊神武伯政之初，承魏猶用永安五銖。遷鄴以後，百姓私鑄，體制漸別，遂各以爲名。有雍州青赤、梁州生厚、緊錢、吉錢、河陽生澀、天柱、赤牽之稱。（註二〇）

齊文襄輔政，欲加整理，仍未見效果。（註二一）北齊一朝對錢幣的濫惡問題亦未解決。北周保定元年更鑄布泉，與五銖並行。建德三年又鑄五行大布，以一當十，與布泉並行。宣帝又鑄永通萬國錢，以一當十，與五行大布五銖三品並行。隋文帝受禪，以錢幣輕重不一，開皇元年再行五銖錢，屢下嚴令禁止惡錢，開皇五年錢幣始告統一。

（註一）宋書七五顏竣傳稱「元嘉中鑄四銖錢，輪廓形制與五銖同，用費損無利，故百姓不盜鑄，」政府鑄錢，只要特別加工，盜鑄者卽無利可求，故不盜鑄。漢武帝三官鑄錢之例是也。宋元嘉四銖錢，工既費，百姓應不再盜鑄，但因錢輕，故有前鑿古錢之事。與何尙之傳的敘述略有不同。

（註二）宋書六六何尙之傳。

（註三）所稱大錢，究竟是什麼錢，當時亦並未明白指出。如宋書六六何尙之傳：「又錢形式大小多品，直云大錢，則未知其格，若止四銖五銖則文皆文篆，既非下走所識，如或漫滅，尤難分明，公私交亂，爭訟必起。」

（註四）宋書六六何尙之傳。

（註五）（註六）（註七）宋書七五顏竣傳。

（註八）宋書四五劉懷愼傳。

（註九）宋書八一顏琛傳。

（註一〇）宋書七五顏竣傳。

（註一一）宋書八明帝紀。

（註一二）南齊書三七劉悛傳。

（註一三）南齊書三七劉悛傳。

（註一四）隋書二四食貨志。
（註一五）禁用古錢，實以梁武帝爲首倡，以往無不以古錢爲主。
（註一六）隋書二四食貨志「普通中乃議盡罷銅錢，更鑄鐵錢，人以鐵錢賤易得，並皆私鑄，及大同以後，所在鐵錢，遂如丘山，物價騰貴，交易者以車載，又復計數而惟論貫商旅姦詐，因之以求利。」
（註一七）陳書三世祖紀。
（註一八）魏書四五辛子馥傳。
（註一九）北齊書二〇王則傳。
（註二〇）隋書二四食貨志。
（註二一）隋書二四食貨志。

第六章　政府寺院大族在經濟上的衝突

一　政府寺院大族的特質

南北朝時期，社會上有三個主要的統治勢力，就是政府寺院與大族。這時期，封建制度已發達成熟，秦漢時代奴隸經濟與商業經濟所促成的大土地所有制，是其經濟的基礎。耕農化爲附着於土地的農奴。地主化爲握有政權的大族。政權建築在「土地與人民」之上。領地廣，領民多，則其政治社會的勢力大；反之，則其勢力小。政府與大族及寺院的企圖，都是儘量的吸引人民；都是竭力的擴張土地。我們從這兩點上，認識了政府寺院大族的勢力的所在，也認識了三者所以對立的理由。

中國中古時期，政府擁有廣闊的國有土地，領有大量的受田人戶。魏晉時是屯田戶占田課田戶，北朝及隋唐是屯田戶及均田戶，政府的基礎，就建在這樣的「土地與人民」之上。本書敍述租稅與田制時，已經說到了。寺院藉政治及社會勢力及迷信的引誘，也攫取了不少的「土地與人民」。這些「土地與人民」在寺院的屬下，分成兩個部份，一個是屬於僧曹卽教會的，一個是歸於寺院的。僧祇戶及其所有的土地屬於前者。魏書釋老志曾說：「僧祇戶不得別屬一寺。」「有能歲輸穀六十斛入僧曹者，卽爲僧祇戶。」這就是屬於教會的人戶。此外佛圖戶寺奴及一寺的私有土地，是屬於寺院的。大族也有他們的經濟基礎。在均田制下，政府既未將其領地均分，所以還有大土地私有形態的存在，他們私有的大土地上面，可以吸收大批的人口，或是自由民，或是半自由民，叫做部曲，衣食客，佃客，附隸之類。

政府寺院大族同有他們自己的領地和領民，於是他們同時都具備了封建領主的資格。但是，因爲國有土地的廣闊，及大族寺院以外的中小地主農民工商人口的資給，以君主爲首的政府的政治經濟勢力特爲龐大，使政府除去本身是一個封建領主以外，還表現一種優越的力量，駕乎寺院大族之上而支配之，這種表現，就是專制君主與官僚制度的存在。當時的君主，往往任用非大族非僧侶的寒族人才，組成君主屬下的官僚制度，去對抗寺院與大族。但這官僚制度，也不過是較大的國家莊園裏面一種政治組織而已。所以在雄桀的君主之下，官僚制度雖能發揮力量，使寺院大族俯首帖耳受其支配；反之，在孱弱君主之下，官僚組織的弛懈，使寺院大族的勢力相對的增大，於是寺院大族對政府的財富，乘機起來掠奪。

中國中古的佛教寺院，算得是一個大的社會勢力，但還夠不上西洋中古基督教教會那樣的煊赫。在歐洲中古時期，教會的威力遠在各國君主之上，反之，在中國中古期，教會是在君主之下，至多只能與君主抗衡，而未曾壓倒君主。中國的政教衝突，多表現爲政府對寺院的干涉，沒有看到教會對君主的指揮與封建。寺院所以有力與政府爭取領地與領民，還是靠着君主與大族的庇護。在中古時期，大族的勢力，才是與政府對抗的一個重要力量。從東漢以降，世家大族把持了地方政權，州郡的大小中正，都爲大族所獨佔，成了「上品無寒門，下品無世胄」的大族取官的手段。南朝大族的勢力，自始就沒有衰落，北朝到北魏末葉，大族才形興起。關東風俗傳說：「獻武初，冀部大族蝟起應之，侯景之反，河南侯氏幾成大患，有同劉元海石勒之衆也。」靈太后之時，「撫集豪右，委之管篇，」地方行政愈爲大族所把持。南朝大族把持中央政權的野心，雖屢爲專制君主所挫折，但政治的情形，仍是「高門大族門戶已成，令僕三司，可安流平進。」所以，南北朝時期大族的勢力比較寺院爲重要，寺院的盛衰是以大族的盛衰爲準衡的。

二　社會政治上的協和與衝突

政府寺院大族在政治經濟上相互鬬爭，但三者同屬於統治階級層，對民衆的支配自然趨於一致。這樣，在君主提倡忠節，以維持君主與臣民的隸屬關係。在大族，誇揚門第，造出血統的優越的神話與信仰。在寺院，則倡說命運，以束縛人民反抗的心理；還有儒家的禮刑，佛教的輪迴，是叫民衆俯首甘心於現狀之下的。這種對被統治階級的精神的征服，寺院實盡了最大的任務。此外還藉從事社會事業——如救災濟貧，勸善化俗，設病坊等事，取得了人民的信仰。在這一層上，實幫助了政府大族穩定了統治。因之，政府雖與寺院時有鬬爭，但對於寺院仍有利用的必要。

政府寺院大族，除對壓制被統治階級的措施相同以外，在政治經濟上，前面說過是相互衝突的。在政治上，最高權威的所在，成了三者論爭的焦點。君主責臣民以儒家所謂「忠」。大族誇耀「門第，」視王朝的官階爲固有物，視王朝的篡奪爲升進的良機，少有死君死社稷的烈士。僧侶以宗教的權威主張沙門不應致敬王者。他們的說法是「僧爲法王之胄。」「三寶一體，敬僧如佛。」而在君主，則企圖以王權代教權，主張君主卽佛。君主以爲佛教的發展，有待於政治勢力的扶持，所以僧侶對君主應該和佛一樣的崇拜。例如赫連勃勃卽以爲君主是人中之佛：

勃勃謂己是人中之佛，堪受僧禮，乃畫佛像披於肩上，令沙門禮像，卽爲拜我。（註一）

又如北周時，衞元嵩與周武帝主張俗界組織可以代替教會組織，帝王卽是如來，王公卽是菩薩：

平延寺者，無選道俗，罔擇親疎，以城隍爲寺塔，卽周主是如來，用郭邑作僧坊，和夫妻爲聖衆。推令德作三綱，遵耆老爲上座，選仁智充執事，求勇略作德師，行十善以伏未寧，示無貪以斷偸刦。（註二）

周武帝對任道林說：

是知帝王卽是如來，且停丈六。王公卽是菩薩，省事文殊。耆年可謂上座，不用賓頭；仁惠其爲檀度，豈假棄國？和平第一精僧，寧勞布薩？貞謹卽戒木义，何畢受戒？儉約實是少欲，無暇頭陀？蔬食至好長齋，豈煩斷穀？放生妙同無我，何藉解空？忘功全過大乘，寧希般若？文武眞是二智，不覲空有？權謀終成巧便，豈待變化？加官眞爲授記，無謝證果？爵祿交獲天堂，何待上界？罰戮見感，地獄不指泥犂？以民爲子，可謂大慈，四海爲家，卽同法界。治政以理，何異匡救？安樂百姓，寧殊拔苦？翦罰殘害，理是降魔，君臨天下，眞成得道。汪汪何殊於淨土，濟濟豈謝於迦維？（註三）

衞元嵩一疏，可以代表士族對寺院的態度，與君主對寺院的態度，趨於一致。士族幫助君主打倒僧權，然後瓜分其遺產。周武帝滅佛，將寺院財寶之瓜分於王公大臣，就是很好的例證。通論中國中古寺院，雖不失爲一重要社會勢力，但教權的發展，始終沒有突破王權與貴族的範圍。佛教內律，雖有沙門不拜俗的規定，但教會勢力的擴張，始終賴俗界君王的支持。因是，僧侶在王權與教權的關係上，便不得不附會着說「我非拜天子，乃是禮佛耳」（註四）的歪調。這是法果對於魏道武帝的屈服的自解。又如任道林之答周武帝，把教權之倚仗王權，說得很是明顯：

道不自通，非俗不顯，佛不自佛，唯王能興。是以釋教東傳，時經五百，弘通法化，要依王力。是

知道藉人弘，神由物感，佛之成毁，功歸聖旨。（註五）

大族雖未明白主張一種不要君主的貴族政制，去與君主爭鬬，（註六）卻拿出了血統門第，去挾制王權。這以門第挾制王權的實施，就是造出「官位與名地」的分離，以顯示其血統的優越。官位雖高，而與名節無關。如：

中書舍人王弘，爲太祖所愛遇。上謂曰：卿欲作士人，得就王球坐，乃當判耳，殷劉並雜，無所知也。若往詣球，可稱旨就席。球舉扇曰，若不得不。弘還，依事啓聞。帝曰，我便無如此何。（註七）

名地的如何，實非君主權力所能支配。所以集權君主對大族的特權，不能不予以打擊。在北朝因爲國家莊園的廣大，大族的勢力始終屈服於專制王權之下，五胡君主的遷徙大族，北魏君主的屠殺大族，使大族無力反抗。在南朝，大族的勢力雖然龐大，但亦屢爲君主所挫折，最著名的是宋武帝孝武帝及梁武帝三朝。史稱：

上（宋孝武帝）又壞諸郡士族，以充將吏，並不服役，至悉逃亡，加以嚴刑，不能禁。乃改用軍法，得便斬之，莫不奔竄山湖，聚爲盜賊。（註八）

趙翼曾說：「宋齊梁陳諸君，無論賢否，皆威福自己，不肯假權與大臣。」可見南朝政府對大族勢力的壓抑，在政治上君主對大族雖有這樣嚴重的打擊；但在人的一般心目中，卻仍存門第與血統的分別。二十二史劄記曾說：

六朝最重世族，已見叢考前編。其時有所謂舊門、次門、後門、勳門、役門之類，以士庶之別，爲貴賤之分，積習相沿，遂成定制。……侯景請婚王、謝，梁武曰「王謝門高，可於朱張以下求之。」一時風尚如此。即有出自寒微，奮立功業，官高位重，而其自視，猶不敢與世族較。陳顯達既貴，自以人微位重，每遷官常有愧懼之色，誡諸子曰：「我本志不及此，汝等勿以富貴驕人。」又謂諸子曰：「麈尾是王謝家物，汝不須捉此。」……且不特此也。齊高在宋，以平桂陽之功，加中領軍，猶固讓，與袁粲褚淵書自稱「下官常人，志不及遠。」（褚淵傳）及即位後，臨崩遺詔，亦曰：「吾本布衣素族，念不到此。」（本紀）可見當時門第之見，習爲固然，雖帝王不能改易也。（註九）

大族利用名地門第對抗王權，居然發生這樣的效果。但大族的名地的武器，終因王權的高度發展，而失其效用。唐太宗與李義府等之改定士族譜，使官位與名地趨於一致，凡是勳貴，同爲高族。（註一〇）於是過去的大族雖不免仍自妄誇，而其政治社會地位已漸泯滅。

（註一）集沙門不應拜俗等事。卷第二

（註二）廣弘明集七衞元嵩。

（註三）廣弘明集十敍任道林辨周武帝除佛法詔。

（註四）魏書一一四釋老志：「初法果每言太祖明叡好道，卽是當今如來，沙門宜應盡禮，遂常致拜。謂人曰，能鴻道者人主也，我非拜天子，乃是禮佛耳。」

（註五）廣弘明集十敍任道林辯周武帝除佛法詔。

（註六）西晉以下，無政府思想頗流行於貴族之間。嵇康阮籍的非薄周孔，反抗禮法，便是這種思想的先驅。

（註七）宋書五七蔡興宗傳。

（註八）宋書八二忱懷文傳。

（註九）廿二史劄記卷一二江左世族無功臣。

（註一〇）舊唐書六五高士廉傳：「是時朝議以山東人士，好自矜夸，雖復累葉陵遲，猶恃其舊地。女適他族，必多求聘財。太宗惡之，以爲甚傷敎義。乃詔士廉與御史大夫韋挺，中書侍郎岑文本，禮部侍郎令狐德棻等刊正姓氏。於是普責天下譜諜，仍憑據史傳考其眞僞，賢者褒進，悖逆者貶黜，撰爲氏族志。士廉乃類其等第以進。太宗曰：「我與山東崔盧李鄭，舊旣无嫌，爲其世代衰微，全無冠蓋，猶自云士大夫，婚姻之間，則多邀錢幣，才識凡下，而偃仰自高，販鬻松檟，依託富貴，我不解人間何爲重之？秖緣齊家惟據河北，梁陳僻在江南，當時雖有人物，偏僻小國，不足可貴，至今猶以崔盧王謝爲重。我平定四海，天下一家，凡在朝士皆功效顯著，或忠孝可稱，或學藝通博，所以擢用。見居三品以上，欲共衰代舊門爲親，縱多輸錢帛，猶被偃仰，我今特定族姓者，欲崇重今朝冠冕，何因崔幹猶爲第一等？昔漢高祖，止是山東一四夫，以其平定天下，主尊臣貴。卿等讀書，見其行跡，至今以爲美談，心懷敬重。卿等不貴我官爵耶？不須論數世以前，止取今日官爵高下作等級。」遂以崔幹爲第三等。及書成，凡一百卷，詔頒於天下。又八二李義府傳：「初貞觀中，太宗命吏部尚書高士廉，御史大夫韋挺，中書侍郎岑文本，禮部侍郎令狐德棻等，及四方士大夫諳練門閥者，修氏族志，勒成百卷，升降去取，時稱允當。頒下，諸州藏爲永式。義府恥其家代無名，乃奏改此書。專委禮部郎中孔志約，著作郎楊仁卿，太子洗馬史玄道，太常丞呂才，重修。志約等遂立格云：皇朝得五品官者，皆升士流。於是士卒以軍功致五品者，盡入書限，更名爲姓氏錄，由是搢紳士大夫多恥被甄敘，皆號此書爲勳格。義府仍奏收天下氏族志本焚之。關東魏齊舊姓，雖皆論替，猶相矜尙，自爲婚姻。義府爲子求婚不得，乃奏隴西李等七家，不得相與爲婚。前係貞觀初事，後係龍朔初事。

三 「土地與人民」的爭奪

A. 寺院大族的特權——社會政治勢力的強弱，依屬於經濟勢力的消長，政府寺院大族的政治的鬬爭，終結歸於經濟利害的衝突。寺院大族在對政府的政治鬬爭中，乘機奪取了一些經濟特權，再利用這些經濟的特權作爲威脅王權的武器。南北朝時期，寺院與大族取得了兩種特權。第一是免稅權。例如：

山陰一縣，課戶二萬，其民貲不滿三千者殆將居半。刻又刻之，尤且三分餘一。凡有貲者多是士人復除。其貧極者悉皆露戶役民，三五屬官。（註一）

這是大族不納稅的一例。至於僧尼的特權，如下所述：

徐陵諫仁山深法師罷道書：假使棘生王路，橋化長溝，巷吏門兒，何由仰喚。寸絹不輸官庫，升米不進公倉，庫部倉司，豈須求及，其利四也。門前擾之，我足安眠，巷裏云云，余無驚色，家休大小之調，門停強弱之丁，入出隨心，往還自在。其利五也。出家無當之僧，猶勝在俗之士，假使心存殺戮，手無斷命之愆，密裏通情，決勝灼然嬬俗，如斯煩垢，萬倍不如白衣，一入愛河，永沈無出，其利六也。（註二）

在法制上，田租戶調之外，大族不負擔別種稅收：

舊制，軍人、士人、二品清官，並無關市之稅。（註三）

第二是免役權。如顏氏家訓所說資蔭與徭役的關係：

計吾兄弟不當仕進，但以門衰骨肉單薄，五服以內傍無一人，播越他鄉，無復資蔭，使汝等沉淪斯役，以爲先世之恥。故覥冒人間，不敢墜失。兼以北方政教嚴切，全無隱退者故也。（註四）

還足以指出大家族的分子，努力於不墜失門第，致受徭役的心理。大族既不供徭役，則政府對於徭役的徵發，首先須分辨士庶。如果士庶不分，則役法便壞。例如史稱：

宋齊兩代，士庶不分，雜役減闕，職由於此。（註五）不獨寺院大族能免除稅役，他們所隱附的人戶，也是能免稅役的。西晉法令，就有官人士人蔭庇的規定，多者可及九族，少者亦至三世。曹魏之給公卿客戶，也可以免除徭役。南北朝時，承襲了這種辦法，凡是屬於寺院大族的人民，都可以免租免役。史載：

魏初不立三長，故民多蔭附。蔭附者皆無官役。（註六）沈約奏請梁武帝改定百家譜，也曾說道：

臣又以爲巧僞既多，並稱人士，百役不及，高臥私門，致令公私闕乏，百事不舉。（註七）

寺院大族就利用免稅免役的特權，去隱庇戶口；人民亦因政府徭役的繁重，願意投到寺院大族的屬下。魏書食貨志雖曾說過「豪彊徵斂，倍於公賦。」要知道人民的憚役，重於憚稅，就是徵斂倍於公賦，人民仍然願意投靠大族的。

上邊在租稅制度一章裏，我們曾指出戶調制度，在中古稅制的重要，政府爲戶調的徵收，特別注意戶口的整理。在這裏，我們要再指出徭役勞動在封建制中的重要，國家莊園的官僚制度之下，工役兵役的重要性，是超過租稅之上的。國家莊園爲保持服役的人戶，爲保持戶調的人戶，對人戶之歸附於寺院大族，不能坐視。政府爲保持人戶計，常常禁止或限制人戶的歸附寺院大族。這樣，就展開了三者對人口爭奪的一幕歷史劇。

B.人戶的爭奪——人戶是稅役的基礎，人戶多則其稅收多，勢力大，所以政府寺院大族對人口的吸收都甚重視。諸葛亮在荊州時，就向劉表建議錄游戶以益衆。五胡爭取中原，開始就以掠奪戶口爲事，一方面遷徙所破滅的敵國的人民於本國，尤以遷到本國首都者爲多，一方面擄掠敵國邊境的人民。例如：

與劉曜石勒等攻魏郡頓丘，陷五十餘壁，皆調爲兵士。（註八）

慕容儁襲幽冀，略三萬餘家而去。(註九)

巴師及諸羌羯降者十餘萬落，徙之司州諸縣。(註一〇)

姚興徙陰密三萬戶於長安。(註一一)

姚崇攻金墉不下：乃陷柏谷，徙流人西河嚴彥，河東裴岐韓襲二萬餘戶而還。(註一二)

劉曜平隴右時：

分徙伊餘兄弟及其部落二十餘萬口於長安。(註一三)

石季龍破劉胤時：

徙其台省文武，關東流人，秦雍大族，九千餘人於襄國。(註一四)

他如乞伏國仁等，都屬徙人民，或俘獲人民，尤以徙至他們首都的爲多。由此可見，封建領主對其莊園領域的重視。蠻族的掠奪人口，使敵國無力與之再抗，使中原大族的勢力破壞。五胡時期，漢族大族在暴力的壓迫下，不過是苟延性命，那隱藏戶口封固山澤的勾當，也只有讓蠻族大族去作了！但社會紛亂的時期，寺院頗保護了一部份人民的生命，更藉其服務社會事業的美名，遂成了這時人民逋逃的淵藪。

政府既急於掠奪人口，大族也不肯示弱。政府是以淸明的政治或減輕稅役，作爲吸收人戶的號召。例如：

〔顏含〕除吳郡太守。王導問含曰：「卿今涖名郡，政將何先？」答曰：「王師歲動，編戶虛耗，南北權豪競招游食，國弊家豐，執事之憂。且將徵之勢門，使反田桑。數年之間，欲令戶給人足。如其禮樂，俟之明宰。」（註一五）

又如：

京邑諸坊，大者或千戶五百戶，其中皆王公卿尹，貴勢姻戚，豪猾僕隸，蔭養奸徒。……（註一六）

大族競招游食，蔭養奸徒，皆以能免除徭役爲號召。免役的處所，自爲人戶的所趨。例如：

魏氏給公卿以下租牛客戶，數名有差。自後小人憚役，多樂爲之。（註一七）

南朝無貫人戶，稅役亦輕於正戶。在南朝，僑立的州郡，也正是逃亡的所趨。總之，稅輕的所在，亦卽人戶附着的所趨，固不論政府寺院與大族。卽同在政府之下，稅役較輕的戶計，也是人民羣來歸附的。

例如北魏初年有雜營戶課稅輕易，人戶遂多爲雜營戶：

先是禁網疏闊，民多逃隱。天興中詔採諸漏戶，令輸綸綿，自後諸逃戶占爲細繭羅縠者甚衆。於是雜營戶帥遍於天下，不隸守宰，賦役不周，戶口錯亂。始光三年詔一切罷之，以屬郡縣。（註一八）

避重就輕，是人民逃亡的原則，逃亡後之就有勢者以求保護，也可以說是逃亡的公例。所以國政腐敗，稅役苛重的時候，人民的逃亡，不投大族，則歸寺院。北朝的情形，從下列的記錄可以看出：

百姓因秦晉之弊，迭相蔭冒，或百室合戶，或千丁共籍，依託城社，不懼熯燒，公避課役，擅爲奸宄，損風毀憲，法所不容。（註一九）

太和十年冬又奏：前被勅以勤籍之初，愚民僥倖，假稱入道，以避輸課。（註二〇）

正光以後，天下多虞，王役尤甚。於是所在編民，相與入道，假慕沙門，實避調役，猥濫之極，自中國之有沸法，未之有也。（註二一）

故有競棄本生，飄藏他土，或詭名託養，散在人間，或亡命山藪，漁獵爲命，或投仗豪強，寄命

衣食。（註二二）

而帝（齊文宣）刑罰酷濫，吏道因而成姦，豪強兼并，戶口益多隱漏。舊制，未娶者輸半牀租調，陽翟一郡戶至數萬，籍多無妻，有司劾之，帝以爲生事。由是姦欺尤甚，戶口租調十亡六七。（註二三）

南朝的情形，也可以從左記各條看出：

時百姓遭難，流移此境，流民多庇大姓以爲客。元帝太興四年詔以流民失籍，使條名上有司爲給客制度，而江北荒殘，不可檢實。（註二四）

而比者陵遲，遂失斯道，京師競其奢淫，榮觀紛於朝市，天府以之傾匱，名器爲之穢黷，避役鍾於百里，逋逃盈於寺廟，乃至一縣數千，猥成屯落，邑聚游食之羣，境積不羈之衆……。（註二五）

宋運告終，戎車屢駕，寄名軍牒，動竊數等，故非分充朝，資奉殷積，廣越邦宰。梁邑郡邑參差調補，實允事機，且此徒冗雜，罕遵王憲，嚴加廉視，隨違彈斥，一二年間，可減太半。（註二六）

建元二年詔曰：黃籍民之大綱，國之政端，自頃氓俗巧僞，爲日已久，乃至竊注爵位，盜易年月，增損三狀，貿襲萬端，或戶存而文書已絕，或人在而反託死叛，停私而云隸役，身強而稱六疾，編戶齊家少不如此，皆政之巨蠹，教之深疵。比年雖卻籍改書，終無得實。（註二七）

又先是諸郡役人，多依人士爲附隸，謂之屬名。又東境役苦，百姓多注籍詐病，遣外醫巫在所檢占諸屬名，并取病身。凡屬名多不合役，止避小小假並是役蔭之家。凡注病者，或已積年，皆攝充將役。又追責病者租布，隨其年歲多少。（註二八）

南北兩朝，寺院大族的隱庇戶口都很盛熾，所以造成「全丁大戶，類多隱沒」及「僧祇戶遍於州鎭」的狀況。北魏末年，大族勢力的再起，使北朝戶口的逃亡，日更加甚。隱附的名義叫做門生、附隸、佃客、衣食客，或是白徒、養女。

人民逃亡的衆多，直接減少政府的稅收，增加寺院大族的財富，間接削弱政府的力量，增加寺院大族的力量。北朝從北魏末年，寺院與大族分割人戶的加劇，致使國用不足，加徵鹽稅、關市稅以作彌補。南朝私有土地的廣闊及大族勢力的龐大，使政府的財源不能不依仗商稅。所以，遇有英明的君主，對寺院大族的隱藏戶口，不能不加以禁止，在平時的施政，也不能不加重逃亡的刑罰。同時，對於善於招撫人民增加戶口的官吏，又不能不特予奬勵。史書對於奬勵增戶的官吏記述甚多，不待徵引，政府對於逃亡的懲罰則有下列兩例：

先是劉式之爲宣城，主吏民亡叛制。一人不禽，符五里吏，送州作部。（註二九）

建德六年十一月初行刑書要制……正長隱五戶及十丁以上，隱地三頃以上者，至死。（註三〇）

除此以外，關於戶口的檢括，亦不稍鬆懈。慕容垂之檢括人戶，僅僅山東一隅，即出戶十萬餘。慕容暐的檢括，亦出戶二十餘萬。北魏孝文帝太和十年立三長以整理戶籍，於是庇蔭之戶出，僥倖之徒止。北魏末年又加搜括：

是時法網寬弛，百姓多離舊居，闕於徭賦。神武乃命孫騰高隆之分括無籍之戶，得六十餘萬。於是僑居者各勸還本屬，是後租調之入有加焉。（註三一）

北齊時，亦行括戶：

（宋世良）尋爲殿中侍御史，詣河北括戶，大獲浮惰……，還，孝莊勞之曰：「知卿所括得

丁倍於本帳，若官人皆如此用心，便是更出一天下也。」（註三二）

南朝的整理戶口除土斷白籍人戶外，亦厲行檢括政策：

公（劉裕）既作輔，大示軌則，豪強肅然，遠近知禁。至是會稽餘姚虞亮復藏匿亡命千餘人。公誅亮，免會稽內史司馬休之。（註三三）

元徽三年夏四月遣尚書郎到諸州檢括民戶，窮老尤貧者蠲除課調，丁壯猶有生業，隨宜寬申，貲財足以充限者督令洗畢。（註三四）

太建中，山陰縣多豪猾，前後令皆以贓汙免。……乃除（褚玠）山陰令，縣人張次的、王休達等與諸猾吏賄通姦，全丁大戶類多隱沒。玠鎖次的等具狀啓台，宣帝手敕慰勞，并遣使助玠搜括，所出軍人八百餘戶。（註三五）

防止寺院的吸收人民，則爲限制州郡度僧數目，禁止奴婢出家。太和十六年詔：

四月八日，七月十五日，聽大州度一百人爲僧尼，中州五十人，下州二十人，以爲常準，著於令。（註三六）

熙平二年靈太后令：

年常度僧，依限大州應百人者，州郡於前十日解送三百人，其中州二百人，小州一百人。……今奴婢悉不聽出家，諸王及親貴亦不得輒啓請，有犯者以違旨論。其僧尼輒度他人奴婢者，亦移五百里外爲僧，僧尼多養親識及他人奴婢子，年大私度爲弟子，自今斷之，有犯還俗，被養者歸本等，寺主聽容一人，出寺五百里，二人千里。（註三七）

逼令僧侶還俗，禁止私度，也是削減寺院人戶的一種政策：

太延四年三月罷沙門年五十已下。（註三八）

（劉粹）領雍州刺史，襄陽新野二郡太守，在任簡役愛民，罷諸沙門二千餘人，以補府史。（註三九）

北魏更以私度爲官吏三長之罪：

私度之僧，皆由三長罪不及己，容多隱濫，自今有一人私度，皆以違旨論，鄰長爲首，里黨各相降一等。縣滿十五人，郡滿三十人，州鎮滿三十人，免官，寮吏節級連坐，私度之身配當州下役。

時法禁寬褫，不能改肅也。（註四〇）

南北兩朝沙汰檢括僧尼的舉動，更錄於下：

（太平眞君五年）詔曰自王公以下至於庶人，有私養沙門師巫及金銀工巧之人在其家者，皆遣詣官曹，不得容匿，限今年二月十五日，過期不出，師巫沙門身死，主人門誅。（註四一）

延興二年詔曰比五不在寺舍，遊涉村落，交通姦猾，經歷年歲。今民間五五相保，不得容止無籍之僧，精加隱括，有者送付州鎮，其在畿郡送付本曹。（註四二）

世祖大明二年，有曇標道人與羌人高闍謀反。上因是下詔曰：佛法訛替，沙門混雜，未足扶濟鴻教，而專成逋藪，加姦心頻發，凶狀屢聞，敗亂風俗，人神交怨，可付所在，精加沙汰，後有違犯，嚴加誅坐。（註四三）

時（梁武）帝大弘釋典，將以易俗，故祖深尤言其事，条以爲都下佛寺五百餘所，窮極宏麗，僧尼十餘萬，資產豐沃，所在郡縣不可勝言。道人又有白徒，尼則皆畜養女，皆不貫人籍。天下戶口幾亡其半，而僧尼多非法，養女皆服羅紈，其蠹俗傷法，抑由於此，請精加檢括，若無道行，四十以下皆使還俗附農罷白徒養女聽畜奴婢，婢唯著青布衣，僧尼皆弇蔬食。如此則法與俗盛，國富人殷。不然恐方來處處成寺，家家剃落，尺土一人，非復國有。(註四四)

太建十四年四月庚子詔曰：又僧尼道士挾邪左道不依經律，民間淫祀祅出諸珍怪事詳爲條制，並皆禁絕。(註四五)

C. 土地的爭奪——這時財富的主要的基礎，在土地不在工商業，所謂有土斯有民，有民斯有財。土地廣闊則所養活的人口衆多，財政的收入豐富，政治經濟的勢力龐大。在上邊已經說過政府寺院大族對於人民的爭奪，關於這些爭奪來的人民，必使之有勞動的場所，也就是說對爭奪來的人民，不是白白養活他們，而是想從他們身上剝削些剩餘勞動。欲達到這個目的，非有大量的土地不可。所以重視人戶的政府寺院與大族，同樣的重視土地。關於土地的爭奪，在寺院大族表現爲封固山澤與兼幷土地，在政府則爲開放山澤與禁止兼幷。南朝封固山澤的事件，甚爲繁賾，已在土地制度一章說過，這裏不再敍述。北朝在初期因爲國家莊園的得勢，封固的事例比較稀少。五胡時，有慕容評的封固山澤：

又說：

評障固山泉，鬻水與軍，入絹匹水二石。(註四六)

評性貪鄙，障固山泉，賣樵鬻水。(註四七)

但慕容評是蠻族的軍事首領，他的封固山澤，又當別論。此外，尙少封固的事實。及至北魏末年，北方大族的擡頭，兼并封固的事實也隨之發生。如上引關東風俗傳所說：「河渚山澤，有司耕墾，肥饒之處，悉是豪勢，或借或請，編戶之人不得一壟。」封固山澤的發生，禁令亦因之而起：

武定四年（高澄令）豪貴之家不得占護山澤。(註四八)

北齊一朝，是北方大族最興盛的時期，對於「土地與人民」的爭奪也比較劇烈。迨至隋朝開基，專以打擊大族爲事，官吏之侮辱大族，殆爲屢見之事。高熲、裴蘊對於戶籍的整理，更予寺院大族以根本的打擊。於是寺院大族的政治經濟勢力，就日漸衰微了！

(註一)南齊書四六顧憲之傳。

(註二)徐孝穆集七諫仁山深法師罷道書。

（註三）南史七七沈客卿傳。
（註四）顏氏家訓終制篇二十。
（註五）南史五九王僧孺傳，沈約表語。
（註六）魏書一一〇食貨志。
（註七）文獻通考一二職役考引沈約表語。
（註八）晉書一〇〇王彌傳。
（註九）（註一〇）晉書一〇四石勒傳。
（註一一）（註一二）晉書一一七姚興傳。
（註一三）（註一四）晉書一〇三劉曜傳。
（註一五）晉書八八顏含傳。
（註一六）北史四〇甄琛傳。
（註一七）晉書六九王珣傳。
（註一八）魏書一一〇食貨志。
（註一九）晉書一二七慕容德傳。
（註二〇）（註二一）魏書一一四釋老志。

（註二二）魏書七八孫紹傳。
（註二三）隋書二四食貨志。
（註二四）南齊書一二州郡志。
（註二五）弘明集一二桓玄與僚屬敎。
（註二六）南齊書四〇竟陵王子良傳。
（註二七）南齊書三四虞玩之傳。
（註二八）南史五齊本紀下。
（註二九）宋書五四羊玄保傳。
（註三〇）周書六武帝紀。
（註三一）隋書二四食貨志。
（註三二）北齊書四六宋世良傳。
（註三三）宋書一武帝紀。
（註三四）宋書九後廢帝。
（註三五）陳書三四褚玠傳。
（註三六）（註三七）魏書一一四釋老志。

（註三八）魏書四世祖紀。
（註三九）宋書四五劉粹傳。
（註四〇）魏書一一四釋老志。
（註四一）魏書四世祖紀。
（註四二）魏書一一四釋老志。
（註四三）宋書九七天竺迦毗黎國。
（註四四）南史七〇郭祖深傳。
（註四五）陳書六後主紀。
（註四六）燕書（晉書斠注引）
（註四七）御覽三三四引十六國春秋。
（註四八）北史六齊紀上。